Grammaire en paroles

Kazuo MASUDA

Torahiko TERADA

Albéric DERIBLE

Editions ASAHI

まえがき

『Grammaire en paroles　話して学ぶフランス文法』は、フランス語初級文法の教科書です。

全体で 22 課からなり、4 ページで構成される各課は以下のように構成されています。
- Entrée：課の文法的、文化的テーマを盛り込んだ短いテクスト
- BLOC：各課の内容に応じて 3 つから 7 つのまとまりとなっており、以下を含みます。
  - 文法項目とその説明
  - 基本的な語彙の紹介
  - 理解力・語彙力・発音や発話力を向上させるための練習問題
  - Conversation：文法的、文化的テーマに沿った会話
- コラム：フランスとフランス語をより深く理解するための、言語、文化、社会をめぐる簡潔な日本語のテクスト

本書は、フランス語初修者がフランス文法をしっかりと学びつつ、かつ運用能力も高めることができるよう考えられています。
- 初級文法で学ぶべき項目（接続法、条件法まで）を盛り込み、十分な説明を添えて、学習者の予習・復習を容易にしました。
- 項目ごとに練習問題を配置することによって確実な理解をめざし、しっかりした基礎固めが行われるよう留意しました。
- 一定のスピードで進めるよう、文章や例文に日本語訳を加えました。
- 運用能力を身につけるため、リスニングやスピーキングの練習問題を設けました。練習問題には 🔍 、💬 、💬 のアイコンが付されており、それぞれ筆記問題、口頭の問題、ペアでの活動を示しています。指示はおおよそのガイドラインとして柔軟に捉え、適切な仕方で練習問題をこなしてください。
- リスニングやスピーキングの練習を容易にするために、動詞の活用、語彙、例文などに可能なかぎり音声を付けました。有効に活用してフランス語の発音や会話をマスターしてください。
- Entrée や Conversation は、ディクテ用のテクストとしても使用することができます。
- アカデミー・フランセーズが 1990 年に提案した新書記法は、長いあいだあまり広がりませんでした。2016 年度からフランスの学校教科書で新書記法が採用されていますが、本書では従来の正書法を採用し、数詞のみ新正書法に則っています。
- 本書では、名詞の女性形 professeure, écrivaine などは正式名称として扱っています。通性的な表現（包摂的書記法）については、紹介するにとどめました。

フランス語は、フランス本国よりも他の地域での話者が多いという点で特異な言語です。今日、2 億 2000 万人が用いる世界第 4 位の言語とされていますが、人口増加の著しい地域で用いられているため、2050 年にフランス語の使用人口は現在の 3 倍以上になっているという予想もあります。

将来、おそらく今以上にさまざまな声、発音、リズム、身ぶりでフランス語が話されていることでしょう。本書を出発点として、多様で豊かなフランス語の世界にむけて歩みだしてください！

著者

Table des matières

音声はこちら

https://text.asahipress.com/free/french/grammaireenparoles/index.html

A comme alphabet

Leçon 1

BLOC 1 アルファベ *Alphabet*

1-02

A a [a]	B b [be]	C c [se]	D d [de]				
E e [ə]	F f [ɛf]	G g [ʒe]	H h [aʃ]				
I i [i]	J j [ʒi]	K k [ka]	L l [ɛl]	M m [ɛm]	N n [ɛn]		
O o [o]	P p [pe]	Q q [ky]	R r [ɛr]	S s [ɛs]	T t [te]		
U u [y]	V v [ve]	W w [dubləve]	X x [iks]				
Y y [igrɛk]	Z z [zɛd]						

母音字　子音字

Exercice 1.1　音声を聞いて繰りかえしましょう。*Lisez et répétez.*

1-03

A comme alphabet	J comme jeune	S comme Seine
B comme bonjour	K comme karaoké	T comme train
C comme cinéma	L comme leçon	U comme université
D comme dessin	M comme musique	V comme village
E comme euro	N comme nation	W comme wagon
F comme français	O comme orange	X comme xylophone
G comme géographie	P comme population	Y comme yaourt
H comme hôtel	Q comme question	Z comme zéro
I comme image	R comme radio	

Exercice 1.2　次の名称を書き取りましょう。*Écoutez et écrivez.*

1-04

1) _____ 2) _____ 3) _____

4) _____ 5) _____ 6) _____

Exercice 1.3　次の名称を読みましょう。*Lisez les sigles.*

1-05

1) NHK   2) JR   3) CIA   4) RER   5) UE

6) UNHCR   7) LGBT   8) SNCF   9) DVD   10) ONU

BLOC 2 綴り字記号 *Signes orthographiques*

1-06

´	accent aigu	é	caf**é**, cin**é**ma
`	accent grave	à è ù	cr**è**me, o**ù**
^	accent circonflexe	â ê î ô û	**â**ge, **ê**tre, h**ô**tel
¨	tréma	ë ï ü	No**ë**l, Hawa**ï**
¸	cédille	ç	**ç**a, le**ç**on
'	apostrophe	'	l**'**école, l**'**opéra
-	trait d'union	-	États-Unis, rendez-vous

・ ´ (accent aigu) は e のみに付けます。発音は [e] となります。

・ ` (accent grave) と ^ (accent circonflexe) で発音が変わるのは e のみです。発音は [ɛ] となります。

・ ¸ (cédille) が付いた c は [s] と発音します。

3

代表的な筆記体。実際にはそれぞれかなり個性のある書き方をしています。

A B C D E F G H I J K L M N
O P Q R S T U V W X Y Z

a b c d e f g h i j k l m n
o p q r s t u v w x y z

> フランス語のキーボード入力：「フランス語（カナダ）マルチリンガル標準キーボード」がお勧めです。パソコンにインストールして使ってみましょう。

🔍 **Exercice 2.1** 　単語に適切な綴り字記号をつけましょう。 *Ajoutez les signes orthographiques.* 1-07

① 以下の単語に適切な綴り字記号をつけましょう。
② それを発音してみましょう。

1) cafe	2) ou	3) Noel	4) creme	5) lecon
6) etre	7) ecole	8) hotel	9) musee	10) tete

BLOC 3 　母音字の読み方 *Voyelles* 1-08

a, à, â	[a/ɑ]	「ア」に近い音	**a**nimal, **ta**ble / **â**ge
e	[ə/e]		j**e**, l**e**, m**e**nu / **e**lle, d**e**ssin, m**e**rci
é	[e]	狭い「エ」	caf**é**, t**é**l**é**vision, **é**cole
è, ê, ë	[ɛ]	広い「エ」	m**è**re, t**ê**te, No**ë**l
i, ï, y	[i]	「イ」よりも唇を左右に引く	merc**i**, **i**mage, **î**le
o, ô	[ɔ/o]	「オ」に近い音	h**o**mme, **é**c**o**nomie / h**ô**tel
u, û	[y]	唇を丸めた「イ」。「ユ」に近い音	c**u**lt**u**re, m**u**sée, **u**niversité

💬 **Exercice 3.1** 　音声を聞いて以下の単語の読み方を確認しましょう。 *Écoutez et lisez.* 1-09

1) kilo	2) visage	3) stylo	4) zéro
5) cinéma	6) ami	7) Québec	8) Genève
9) musique	10) difficile	11) hôpital	12) lecture

BLOC 4 　母音字との組み合わせ

1) 母音字が組み合わさると…単母音として発音される場合 *Voyelles composées* 1-10

ai, ei	[ɛ]	fran**ç**ais, S**ei**ne, n**ei**ge
au, eau	[o]	s**au**ce, **eau**, b**eau**
eu, œu	[ø/œ]	bl**eu** / profess**eu**r, s**œu**r
ou, où, oû	[u]	bonj**ou**r, ch**ou**, **où**
oi	[wa]	m**oi**, t**oi**, chin**oi**s

■ **PRONONCIATION** 発音

・異なったスペルが同じ単母音として発音されることがあります (ai, ei ; au, eau, etc.)。二重母音ではないので注意！
・[u] は、口をとがらせ、下の先端を前方に向けたまままっすぐ喉の奥の方に引きながら、お腹に力を入れて発音します。

4

2) 母音字と **m** または **n** が組み合わさると…鼻母音　*Voyelles nasales* 🔊 1-11

am, an, em, en	[ã]	ch**am**bre, vac**an**ces, **en**sem**ble**, acc**en**t
im, in, ym, yn,	[ɛ̃]	**im**possible, dess**in**, s**ym**pa
aim, ain, eim, ein,		f**aim**, p**ain**, pl**ein**
um, un	[œ̃]	parf**um**, **un**, l**un**di
om, on	[ɔ̃]	n**om**bre, b**on**, n**on**
ien	[jɛ̃]	b**ien**, pari**sien**
éen	[eɛ̃]	cor**éen**, lyc**éen**

> ■ PRONONCIATION　発音
> 表は代表的な発音。地方によって違う場合があります。また、[ɛ] と [œ] が区別されず、いずれも [ɛ] と発音されることもあります。

母音字＋ m, n でも鼻母音にならないケース
① 母音＋ m ＋ m, 母音＋ n ＋ n の場合
　　comme　homme　parisienne
② 直後に母音字が続いている場合
　　image　université

🔍 Exercice 4.1　次の単語を読んでみましょう。　*Écoutez et lisez.* 🔊 1-12

1) enfant　　　2) France　　　3) parents　　　4) jardin
5) main　　　6) symphonie　　7) Japon　　　8) italien
9) bonjour　　10) lundi

BLOC 5 子音字　*Consonnes* 🔊 1-13

c + a, o, u	[k]	**ca**fé, é**co**le, **cu**isine
c + e, i, y	[s]	sau**ce**, **ci**néma, bi**cy**clette
ç	[s]	**ça**, fran**ç**ais, gar**ç**on
ch	[ʃ]	**ch**at, **ch**anson, diman**che**
ch	[k]	**ch**rétien, é**ch**o, or**ch**estre
g + a, o, u	[g]	**gâ**teau, **go**mme, lé**gu**me
g + e, i, y	[ʒ]	**gé**ographie, éner**gi**e, **gy**mnastique
gu + e, i, y	[g]	lan**gue**, **gui**tare
gn	[ɲ]	champa**gn**e, espa**gn**ol, si**gn**al
s, ss	[s]	**s**port, univer**s**ité, poi**ss**on
母音 + s + 母音	[z]	mai**s**on, poi**s**on, cui**s**ine
qu	[k]	**qu**atre, **qu**estion, musi**qu**e
th	[t]	**th**é, **th**éorie, go**th**ique

> ■ PRONONCIATION　発音
> ・語頭の h は常に無音。ただし無音の h と気音の h があります。(L.2, p.9 リエゾン、アンシェヌマンを参照)
>
> ・語末の子音字は原則として無音。ただし c, r, f, l は発音される傾向があります。

BLOC 6 アクセント　*Accent*

🔍 Exercice 6.1　音声を聞き、英語で発音されたものは A、フランス語で発音されたものには F に丸をつけましょう。　*Écoutez l'audio et entourez A pour les mots prononcés à l'anglaise et F pour ceux prononcés à la française.* 🔊 1-14

1) table　　　A / F　　　2) radio　　A / F　　　3) France　　A / F
4) intelligent　A / F　　5) vote　　A / F　　　6) science　　A / F

Exercice 6.2 フランス語の単語でアクセントのある母音はどれですか？ 下線を引きましょう。 🔊 1-15
Écoutez et indiquez où se trouve l'accent tonique en français.

1) ambulance　　2) impossible　　3) imagination　　4) national　　5) voyage

BLOC 7 教室でよく使う表現 *Expressions employées en classe*

★よく用いられる指示 🔊 1-16

Écoutez. 聞いてください。　　Regardez. 見てください。　　Répétez. 繰り返してください。
Lisez. 読んでください。　　Répondez. 答えてください。　　Plus fort. もっと大きな声で。

Exercice 7.1 次のフランス語の意味をたずねてみましょう。 *Demandez le sens des mots suivants.* 🔊 1-17

Ex. : *Qu'est-ce que ça veut dire « bonjour » ？ — Ça veut dire « こんにちは ».*
Bonjour はどういう意味ですか？ —「こんにちは」という意味です。

1) Oui　　2) Non　　3) Merci　　4) Pardon　　5) Étudiant　　6) Au revoir

Exercice 7.2 フランス語で何というかたずねてみましょう。 *Comment dit-on en français ?* 🔊 1-18

Ex. : *Comment dit-on « ありがとう » en français ？ — On dit : « merci ».*
「ありがとう」はフランス語でなんと言いますか？ — Merci と言います。

1) こんにちは　　2) 学生　　3) さようなら　　4) ごめんなさい　　5) はい

Exercice 7.3 綴りをたずねてみましょう。 *Épelez les mots suivants.* 🔊 1-19

Ex. : *Comment ça s'écrit « étudiant » ？ — Ça s'écrit : É, T, U, D, I, A, N, T.*
Étudiant はどう書きますか？ — É, T, U, D, I, A, N, T と書きます。

1) regardez　　2) français　　3) pardon　　4) au revoir
5) voyage　　6) américain　　7) gâteau　　8) Genève

🇫🇷 フランス語のアルファベ 🇫🇷

ギリシア語に影響を受けたエトルリア語から作られたラテン語のアルファベットには、当初 19 文字しかありませんでした。西暦 1 世紀に、ギリシア語の x, y z など取り入れて数を増やします。843 年にヴェルダン条約によって誕生したとされるフランス語は、そのラテン語のアルファベットを相続します。1529 年にスペイン語のセディーユを、1530 - 1540 年頃にアクサン・テギュ、アクサン・グラーヴと j および u を導入します。とはいえ、i/j、u/v が正式に区別され、j と u が独立した文字と認定されるためには 1762 年を待たなければなりませんでした。最後にアルファベの文字となったのは w です。1835 年前、w で始まる語は辞書の v の項目に分類されていました。1878 年になると独立した w の項目ができますが、それでも w はアルファベの文字ではありませんでした。w が正式にアルファベに加わるのは、なんと 1964 年のことなのです。

Bonjour, je m'appelle...

Entrée 1-20

M. Lambert :	Oh, Monsieur Watanabe ! Comment allez-vous ?
M. Watanabe :	Très bien, merci. Et vous, M. Lambert ?
M. Lambert :	Moi aussi, très bien, merci.

ランベール氏：おや、渡辺さん！お元気ですか？
渡辺氏：元気にしています、ありがとうございます。
　　　　あなたはいかがですか、ランベールさん？
ランベール氏：私も元気にしています、ありがとう
　　　　ございます。

BLOC 1 初対面：挨拶する、自分の名前を言い、その綴りを言う
Premières rencontres : saluer, dire et épeler son nom

 Exercice 1.1　以下の会話のうち、どちらがフォーマルで、どちらがインフォーマルか答えましょう。 *Des dialogues ci-dessous, dites s'ils renvoient à une situation formelle u informelle.* 1-21

Situation 1
— Bonjour.
— Bonjour.
— Comment allez-vous ?
— Très bien, merci.
　 Et vous ?
— Moi aussi. Très bien, merci.

Situation 2
— Salut !
— Salut ! Ça va ?
— Pas mal. Et toi ?
— Moi aussi.
　 Ça va, merci.

🐾 フランス語では、話し相手に話しかける方法が2つあります。代名詞 tu は友人や家族のような近親者に用います。その他の状況では、vous を用います。

 Exercice 1.2　ペアで、上の会話をしてみましょう。 *Par groupe de deux, jouez ces deux situations.*

 Exercice 1.3　質問を読んで、該当する答えを選びましょう。
Lisez les questions et associez les réponses y correspondant.

1) Comment vous appelez-vous ?
2) Pardon, ça s'écrit comment ?

a) Ça s'écrit : D, U, B, O, I, S.
b) Je m'appelle Marc Dubois.

 Exercice 1.4　隣の人に名前を聞いて、名前の綴りを言ってもらいましょう。 1-22
Demandez à votre voisin comment il s'appelle et faites-lui épeler son nom.

Ex. :　A : *Tu t'appelles comment ?*　B : *Je m'appelle Asuka.*
　　　 A : *Ça s'écrit comment ?*　　B : *Ça s'écrit : A, S, U, K, A.*

★挨拶　**Salutations**

(tu に対して) Salut !　(vous に対して) Bonjour !
(tu に対して) À plus !　(vous に対して) Au revoir !

★決まり文句の表現　**Formules de politesse** 1-23

(tu に対して) Ça va ?　(vous に対して) Comment allez-vous ?
(tu に対して) Ça va.　(vous に対して) Très bien, merci.

●表現　**Expressions** 1-24

(tu に対して) Moi, c'est...　　(vous に対して) Je m'appelle...
Vous pouvez répéter ?　/　Comment ça s'écrit ?

Exercice 1.5

situation 2 を参考にして、隣の人と初めて会った時の会話を作り、書きましょう。 🔊 1-25
お互いに挨拶をし、自己紹介をして、下の名前の綴りを尋ね合いましょう。
Sur le modèle de la situation 2, écrivez le dialogue de la première rencontre avec votre voisin. Saluez-vous, présentez-vous et demandez-vous comment s'écrivent vos prénoms.

Ex. :　A : *Salut, ça va ?*
　　　　B : *Ça va bien. Et toi ?*
　　　　A : *Moi aussi, merci. Tu t'appelles comment ?*
　　　　B : *Je m'appelle...*

BLOC **2** 不定冠詞、名詞の性数 *Articles indéfinis, genre et nombre des noms*

■名詞の性と数　*Genre et nombre des noms*　🔊 1-26

フランス語の名詞はすべて男性名詞か女性名詞に分けられています。

その性はあくまでも文法上の決まりであり、明らかに生物学的な性別が特定できる名詞を除いて、生物学等の根拠はありません。

複数形は、原則として単数形に s をつけます。その s は発音しません。

男性名詞　homme(s), frère(s), stylo(s), cahier(s)
女性名詞　femme(s), sœur(s), gomme(s), table(s)

■不定冠詞　*Articles indéfinis*　🔊 1-27

多くの場合、名詞は冠詞とともに用いられます。冠詞には不定冠詞、定冠詞、部分冠詞があります。

不定冠詞は数えられるもので任意の（不特定の）ものがいくつかあることを表します。

	男性（*m.*）	女性（*f.*）
単数（*s.*）	un [œ̃]	une [yn]
複数（*pl.*）	des [de]	

un homme 男, **un** stylo ボールペン　　　　**une** femme 女, **une** table テーブル
des hommes, **des** stylos　　　　　　　　**des** femmes,　**des** tables

★教室にあるもの（1）　**Objets de la salle de classe (1)**　🔊 1-28

			une table テーブル
un sac かばん	un cahier ノート	un agenda 手帳	une trousse 筆記用具入れ
un téléphone 電話	un livre 本	un crayon 鉛筆	une règle ものさし
un dictionnaire 辞書	un stylo ペン	un ordinateur コンピューター	une gomme 消しゴム

🐾　フランス語における名詞の性は恣意的でそれらの用途とは無関係です！

Exercice 2.1

教室にあるものを見せて、男性か女性かを言いましょう。　🔊 1-29
Montrez un objet dans la classe et dites s'il est masculin ou féminin.

Ex. : « *Table* », *c'est féminin, non ?*　— *Oui, c'est féminin.*
　　　« *Table* », *c'est masculin, non ?*　— *Non, c'est féminin.*

Exercice 2.2

教室にあるものを見せて、それが何かを隣の人に聞きましょう。　🔊 1-30
Montrez un objet dans la classe et demandez à votre voisin ce que c'est.

Ex. : *Qu'est-ce que c'est ?*　— *C'est un crayon.*
　　　　　　　　　　　　　　— *Ce sont des crayons.*

★ものを見せる、あげる、お礼を言う　Montrer ou donner un objet, remercier　🔊 1-31

Voilà !　はい！　　　　Merci !　ありがとう！　　Je t'en prie.　どういたしまして。
Voici !　ほら！　　　　　　　　　　　　　　Je vous en prie.　どういたしまして。

Exercice 2.3　適切な不定冠詞を入れて次の文を完成させましょう。
Complétez les phrases ci-contre avec l'article indéfini qui convient.

1) C'est (　　　　) stylo.
2) Voilà (　　　　) téléphone.
3) Ce sont (　　　　) gommes.
4) Voici (　　　　) ordinateur.
5) C'est (　　　　) trousse.
6) Voilà (　　　　) livres de français.

Exercice 2.4　隣の人に何か一つ貸してもらえるよう頼んでみましょう。🔊 1-32
Demandez à votre voisin de vous prêter un de ses objets.

Ex. :　A : *Un stylo, s'il te plaît.*
　　　　B : *Voilà !*
　　　　A : *Merci.*
　　　　B : *Je t'en prie.*

BLOC 3　リエゾン、アンシェヌマン、エリズィオン　*Liaison, enchaînement, élision*　🔊 1-33

フランス語は一般に「母音＋母音」の連続を嫌います。その性質に関連して、以下のような規則があります。

■リエゾン

通常無音の語末の子音字が、次の語頭の母音または無音の h と結びついて発音される。（無音の h については、L.7, p.30 を参照）

un enfant [œnɑ̃fɑ̃], les hommes [lezɔm], nous avons [nuzavɔ̃], en été [ɑ̃nete]

■アンシェヌマン

語末の発音される子音字（あるいは子音字＋無音の e）が、次の語頭の母音または無音の h と連続して発音される。

une école [ynekɔl], il aime [ilɛm], salle à manger [salamɑ̃ʒe]

■エリズィオン（母音字省略）

母音字で終わるいくつかの語（ce, de, je, la, le, me, ne, que, se, te, etc.）は、次の語頭に母音または無音の h が来る場合、母音省略をする。（' アポストロフ前後の文字は続けて書かない。）

le enfant → l'enfant [lɑ̃fɑ̃]　　　　　　le homme → l'homme [lɔm]
la université → l'université [lyniveʁsite]
elle me aime → elle m'aime [ɛlmɛm]

BLOC 4　自己紹介し合う、誰かを紹介する　*Se présenter, présenter des personnes*　🔊 1-34

●B を A に紹介する　Présenter B à A

フォーマルな場合　　　　　　　　　　フォーマルではない場合
C : A, je vous présente B.　　　　　C : A, je te présente B.
C : A, voici B.　　　　　　　　　　C : A, c'est B.
　　　　　　　　　　　　　　　　　C : A, B.

● 決まり文句　**Formules**

Enchanté(e) 初めまして。　　　　　　　　Ravi(e) de faire votre connaissance. あなたに会えて光栄です。

● 名前を尋ねる　**Demander le nom**

Comment vous appelez-vous ? あなたの名前は何ですか？　　Tu t'appelles comment ? 君の名前は何？
Votre nom, s'il vous plaît ? お名前を、お願いできますか？　　C'est quoi, ton nom ? 何なの、君の名前？

BLOC ⑤ 会話 *Conversation*　🔊 1-35

Jérémy :　Je suis étudiant, et toi ?
Haruna :　Moi aussi. Dis... Tu t'appelles comment ?
Jérémy :　Je m'appelle Jérémy, et toi ?
Haruna :　Moi, c'est Haruna. Euh... « Jérémy », ça s'écrit comment ?
Jérémy :　Ça s'écrit : J, E accent aigu, R, E accent aigu, M, Y.
Haruna :　Ah, d'accord. Merci !

ジェレミ：　僕は大学生だよ、君は？
ハルナ：　　私もよ。ねえ、名前なんて言うの？
ジェレミ：　僕の名前はジェレミだよ。君は？
ハルナ：　　私はハルナよ。うーん、「ジェレミ」の綴りはどう書くの？
ジェレミ：　J、E アクサン・テギュ、R、E アクサン・テギュ、M、Y だよ。
ハルナ：　　ああ、分かった。ありがとう！

 Exercice 5.1

① ペアで上の会話を読みましょう。　　*Par groupe de deux, lisez le dialogue ci-dessus.*
② ペアで、自分たちの名前を入れて読みましょう。
　Par groupe de deux, rejouez en remplaçant les prénoms par les vôtres.

🇫🇷 **キスと握手** 🇫🇷

日本人は自己紹介や挨拶のときに腰から頭までを前に倒してお辞儀をしますが、フランス人は握手をしたり、お互いに頬にキスをしたりします。キスは一回だったり、二回だったりしますが、地方によっては四回もするところもあります！

握手の起源は古代ギリシャにさかのぼるものです。当時は武器を持たずに来訪したことを示す動作で、友好の意思を示すものでした。相互に信頼していることを示すこの動作は、今日では男性同士が挨拶をするときの友情の印として頻繁に用いられます。もっとも、とりわけ仕事のようなフォーマルな場で、女性が男性のように初対面の相手に握手をすることもあります。

一方、キスの起源は定かではありません。フランスの地域や階級、時代によって社会的な慣習は異なりますが、そのような慣習にむしろ従っているのです。女性も男性も、家族間でも友人同士でも仕事の同僚の間でもキスをすることがあるものです。それでも一つだけ確かなことは、キスがなによりも親密であることや愛情を示すものであることです。それゆえ、通常は tu で話しかける相手にするものです。

Je suis japonais, et toi ?

Entrée
1-36

En France, en général, on dit « vous » quand on parle à un adulte. Mais un Français dit « tu » quand il parle à un membre de sa famille, à un ami, à un camarade d'université ou à un collègue. Ça dépend de la distance entre les personnes.

フランスでは、普段は、大人に話す時に vous と言います。しかし、家族、友人、大学の友人や同僚には tu と言います。人と人の間の距離感によります。

BLOC 1 主語人称代名詞 *Pronoms personnels sujets*

■主語人称代名詞 *Pronoms personnels sujets*

1-37

単数（*s.*）		複数（*pl.*）	
je (j')	私、僕	nous	私たち
tu	君	vous	あなた、あなたたち、君たち
il / elle	彼、彼女、それ	ils / elles	彼ら、彼女ら、それ、それら

 文頭を除いて、je には大文字を用いません。

BLOC 2 動詞 être *Verbe être*

■ être の用法

être	1-38
je suis	nous sommes
tu es	vous êtes
il est	ils sont
elle est	elles sont
on est	

être の用法は多様ですが、一般には英語の be 動詞のように属詞 attribut（英語の「補語」）を伴って主語の属性を示します。

Je suis étudiant.

主語 (S) ＋動詞 (V) ＋属詞 (A)

 不定代名詞 on もよく主語として用いられます。その場合、「人は、人びとは、私たちは、誰かは」という複数的な意味を持ちますが、on の動詞はつねに 3 人称単数です。

■主語と属詞の性数一致

1-39

属詞は、主語と性と数で一致します。

・男性形／女性形：名詞も形容詞も、男性形の語尾に -e をつけることで女性形になる。ただし、男性形が -e で終わっている属詞は無変化。

   Il est étudiant. → Elle est étudiant**e**.

   Il est professeur → Elle est professeur**e**.

 この原則以外の女性形の作り方については、BLOC 3 を参照。

・単数／複数：名詞も形容詞も、一般に単数形の語尾に -s をつけることで複数形が得られる。この -s は発音しない。

   Il est étudiant. → Ils sont étudiant**s**.　　　彼は学生です。→　彼らは学生です。

   Elle est étudiante. → Elles sont étudiante**s**.　　彼女は学生です。→　彼女たちは学生です。

11

この原則以外の女性形、複数形の作り方については、BLOC 3 を参照。

 2人称複数の vous は、「あなた」という単数を意味することもある。その場合、属詞は単数形。
Vous êtes avocate.　　あなた（女性）は弁護士です。

| **Exercice 2.1** | 次の例を見てください。性数を示すものは何でしょうか。表に書き入れましょう。 *Observez les exemples ci-dessous et dites quelles sont les marques du genre et du nombre en remplissant le tableau.* |

Ex. : *Il est étudiant.*　　　*Ils sont étudiants.*
Elle est étudiante.　　*Elles sont étudiantes.*

	単数 (*s.*)	複数 (*pl.*)
男性 (*m.*)	✕	
女性 (*f.*)		

 補足的な内容が名詞に付け加えられる場合は、その名詞の前に冠詞をつけることが必要です。
Nous sommes des étudiants de l'Université de Tokyo.

 誰かを紹介するときには、3人称の主語（il、elle、ils、elles）は **ce** あるいは **c'** に置き換えられます。
C'est un étudiant de l'Université de Tokyo.
Ce sont des étudiantes de l'Université de Tokyo.

| **Exercice 2.2** | Exercice 2.1 にならって、隣の人に教室の中にいる人を指し示して、「主語＋動 🔊 詞 être ＋名詞」の文を作って言ってもらいましょう。 1-40 *Sur le modèle de l'exercice 2.1, faites dire à votre voisin la phrase : sujet + être + étudiant(e)(s) en lui désignant une ou des personne(s) de la salle de classe comme sujet(s).* |

Ex. : « *Nous sommes étudiants* », c'est ça ?　— *Oui, c'est ça.*

BLOC **3** 名詞の女性形と複数形　*Féminin et pluriel des noms*

■名詞の女性形　*Féminin des noms*
🔊 1-41

職業などを表す名詞には、多くの場合男性形と女性形があります。以下がその主な作り方です。(m. / f.)

- / -	- / -e	-teur / -trice	-ien / -ienne
journaliste	étudiant(e)	acteur / actrice	musicien/ musicienne
médecin	professeur(e)	réalisateur / réalisatrice	comédien / comédienne
secrétaire	assistant(e)		
peintre	avocat(e)	-eur / -euse	-(i)er / -(i)ère
		chanteur / chanteuse	étranger / étrangère
mannequin	écrivain(e)		pâtissier / pâtissière

 écrivaine, professeure は比較的最近になって使われだしました。男性と同形として記述するケースも少なからず見られます。

| **Exercice 3.1** | 次の属詞をつけて直説法現在のすべての人称で être を活用させましょう。 *Conjuguez le verbe être à toutes les personnes et faites des phrases de type : S + V + PROFESSION.* |

1)　étudiant　　　2)　acteur　　　3)　boulanger　　　4)　musicien

Exercice 3.2 下線部には適切な être の形を、名詞の（　　）には必要な変更を加えて文を完成させましょう。　*Complétez les phrases suivantes avec la forme appropriée du verbe* être *et accordez les noms attributs si nécessaire.*

1) Il _____ étudiant(　　) mais, elles, elles _____ musicien(　　).
2) Victor et moi, nous _____ écrivain(　　).
3) Je m'appelle Bruno et je _____ pâtissier(　　) à Nantes.
4) Naomi, elle _____ mannequin(　　) à Paris.
5) Anna et Juliette, vous _____ avocat(　　) ?
6) On _____ chanteur(　　) et on _____ de Tokyo*.

*être de + 地名：「〜の出身である」

■名詞の複数形　*Pluriel des noms*

名詞の複数形には、単数形に s を付ける作り方以外に次のものがあります。(*s. / pl.*)

- -s, -x, -z 単数形＝複数形　　mois / mois　　choix / choix　　nez / nez, etc.
- -eu, -au, eau + -x　　cheveu / cheveux　　tuyau / tuyaux　　château / châteaux
- -al → -aux　　animal / animaux　　journal / journaux
- -ail → -aux　　travail / travaux　　vitrail / vitraux

🐾　特殊なもの　bijou → bijoux, œil [œj] → yeux [jø], monsieur → messieurs, etc.

🐾　複数形になると発音が変わるもの œuf [œf] → œufs [ø], etc.

BLOC 4 数詞 0〜20 *Les nombres de 0 à 20*

★数詞 0 〜 20　**Les nombres de 0 à 20**

0	zéro	[zeʁo]	7	sept	[sɛt]	14	quatorze	[katɔʁz]
1	un, une	[œ̃, yn]	8	huit	[ɥit]	15	quinze	[kɛ̃z]
2	deux	[dø]	9	neuf	[nœf]	16	seize	[sɛz]
3	trois	[tʁwa]	10	dix	[dis]	17	dix-sept	[disɛt]
4	quatre	[katʁ]	11	onze	[ɔ̃z]	18	dix-huit	[dizɥit]
5	cinq	[sɛ̃k]	12	douze	[duz]	19	dix-neuf	[diznœf]
6	six	[sis]	13	treize	[tʁɛz]	20	vingt	[vɛ̃]

Exercice 4.1 音声を聞き、聞こえた数字を書きましょう。　*Écoutez et écrivez les chiffres que vous avez entendus.*

1) _____　2) _____　3) _____　4) _____　5) _____

BLOC 5 提示表現 *Expressions de monstration*

■ **voici, voilà**

Voici Madame Curie. こちらはキュリー夫人です。
Voilà Notre-Dame de Paris. あれはノートルダム・ド・パリです。

■ **c'est, ce sont**

C'est Monsieur Lupin. こちらはルパンさんです。
Ce sont des étudiants de l'Université de Lyon. こちらはリヨン大学の学生たちです。

■ il y a

Il y a un livre sur la table. テーブルの上に本が一冊あります。

Il y a des étudiants dans la salle de classe. 教室に何人かの学生がいます。

Exercice 5.1 次の文を読みましょう。リエゾンとアンシェヌマンを例のように書き入れましょう。 1-46

Lisez les phrases ci-dessous. Marquez les liaisons et les enchaînements comme dans l'exemple.

Ex. : « *Elle est étudiante* ». *C'est ça ?*

1) Il y a douze étudiants dans la classe.
2) Il y a deux étudiants dans la classe.
3) C'est une étudiante espagnole.

4) C'est un étudiant anglais.
5) Vous êtes français ?
6) Tu es française ?

BLOC 6 会話 *Conversation* 1-47

Yoshi : Moi, c'est Yoshi.

Betty : Yoshi ?... Tu es japonais ?

Yoshi : Oui, je suis japonais. Je suis de Kyoto.

Betty : C'est vrai ? Moi, je suis américaine. Je suis de Washington. Je suis étudiante. Et toi ?

Yoshi : Moi aussi, je suis étudiant... Et elle, c'est qui ?

Betty : Elle, c'est Sophie ! Elle est professeure et elle est française.

ヨシ： ぼくはヨシ。
ベティ： ヨシ？…日本人なの？
ヨシ： うん、日本人だよ。京都から来たんだ。
ベティ： 本当？私はアメリカ人。ワシントンから来たの。学生よ。君は？
ヨシ： ぼくも学生だよ。彼女は誰？
ベティ： 彼女はソフィ！先生でフランス人よ。

Exercice 6.1 上記の会話を隣の人と読みましょう。自己紹介をし、先生のことを話して、会話をしてみましょう。 *Lisez le dialogue ci-dessus avec votre voisin.*

Rejouez ensuite ces dialogues en jouant vos propres rôles et en parlant de votre professeur.

🇫🇷 通性的な言語 🇫🇷

フランス語の文法上の性は、男性と女性の2つに分かれています。ラテン語やドイツ語のように中性はありません。では、男性も女性も（男性名詞で示される要素も女性名詞で示される要素も）共に含まれる集団を3人称複数で表現する場合は、いずれの性を用いるのか？答えは、男性複数です。もっとも、1960年代から、ドゴール大統領は国民に呼びかける際に « Français » ではなく、« Françaises, Français » と演説を始めていました。ジェンダーをめぐる意識が高まった近年ではさらに進んで、「親愛なる友人諸君」と書く際に « Chers amis » ではなく、女性の存在を可視化するかたちで « Cher.e.s ami.e.s » とする人も増えています。このような「包摂的書記法」（écriture inclusive）に対しては強い抵抗も観られます。ただし、以前は男性形しか存在しなかった auteur（著者）、écrivain（作者）、professeur（教授）などについて、女性がその職業に就いている場合は、auteure, écrivaine, professeure とすることは一般的になっています。残念ながら médecin（医師）は、la médecine が「医学」を意味するため、une médecin と冠詞を女性形するにとどまります。男性 il(s) と女性 elle(s) の区別をなくした3人称の主語人称代名詞 iel(s) が2021年に『ロベール』辞典に掲載されましたが、その使用はあまり広まっていません。

Le chambre de Van Gogh à Arles

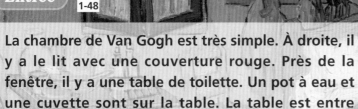

Entrée 1-48

La chambre de Van Gogh est très simple. À droite, il y a le lit avec une couverture rouge. Près de la fenêtre, il y a une table de toilette. Un pot à eau et une cuvette sont sur la table. La table est entre deux chaises. Sur les murs, il y a six tableaux.

ゴッホの寝室はとても簡素です。右側には赤い毛布のかかったベッドがあります。窓の近くには洗面用のテーブルがあります。水差しと水盤がテーブルの上にあります。テーブルは２つのイスの間にあります。壁には６枚の絵があります。

BLOC 1 定冠詞 *Articles définis*

1-49

定冠詞は、特定されたもの、すでに話題になって聞き手にとって既知のもの、総称としての全体を表します。

	m.	f.
s.	le (l')	la (l')
pl.	les	

le garçon 少年, **l'**hôtel (*m.*) ホテル / **la** fenêtre (*f.*) 窓, **l'**université (*f.*) 大学
les livres (*m.*) 本, **les** stylos (*m.*) ボールペン, **les** ordinateurs (*m.*) コンピューター, **les** images (*f.*) 絵・イメージ

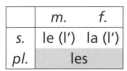 **Exercice 1.1**　音声を聞いて le, la, l', les から適切な定冠詞を入れましょう。
Complétez avec l'article défini approprié.
1-50

1) (　　) français　　2) (　　) anglais　　3) (　　) images

4) (　　) ordinateur　　5) (　　) tablette　　6) (　　) chimie

7) (　　) hôtels　　8) (　　) université　　9) (　　) animaux

 ・国名からできた、小文字で始まる名詞 français, anglais などは、「フランス語」、「英語」を意味します。
　・大文字で始まる Français, Anglais は「フランス人」、「イギリス人」を意味します。

BLOC 2 前置詞 *Prépositions*

1-51

★位置を表す表現

dans ～の中に　　　　sur ～の上に　　　　sous ～の下に
devant ～の前に　　　derrière ～の後ろに　entre ～の間に
à gauche de ～の左に　à droite de ～の右に　au fond de ～の奥に
au milieu de ～の真ん中に

Il y a un sac sur la table. C'est le sac d'Agnès.
テーブルの上にかばんがあります。アニエスのかばんです。

Il y a des livres sur le bureau. Ce sont les livres de Léo. 学習机の上に本があります。レオの本です。

 There is, there are と il y a との違い：続く名詞が複数でも無変化

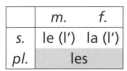 **Exercice 2.1**　音声を聞き、適切な前置詞、冠詞を入れましょう。
Écoutez et complétez avec les prépositions et les articles appropriés.
1-52

Voici (　　) chambre. C'est (　　　) chambre de Raphaël. Raphaël est étudiant à Paris.
(　　), il y a (　　) fenêtre. (　　) fenêtre, il y a (　　) bureau. Sur (　　) bureau, il y a
(　　) ordinateur. C'est (　　) ordinateur de Raphaël. (　　), il y a (　　) bibliothèque.
Dans (　　) bibliothèque, il y a (　　) livres. (　　), sur (　　) mur, il y a (　　)
tableau. C'est (　　) tableau de Van Gogh.

Exercice 2.2　ペアを組み、これまでに学んだ語を用いて会話をしましょう。
Par groupe de deux, posez des questions et répondez.　🔊 1-53

Ex. 1 : *Où est l'ordinateur ?　— Il est sur le bureau.*
Ex. 2 : *Où sont les livres ?　— Ils sont dans la bibliothèque.*

BLOC ③ 形容詞　*Adjectifs*

★色を表す表現　**(m.) / (f.)**　🔊 1-54

bleu / bleue 青	vert / verte 緑	noir / noire 黒	gris / grise グレー
rouge / rouge 赤	jaune / jaune 黄	orange / orange オレンジ	
marron / marron 茶	violet / violette 紫	blanc / blanche 白	

Exercice 3.1　音声を聞き、繰りかえしましょう。　*Écoutez et répétez.*

Exercice 3.2　空欄に適切な形の形容詞を入れましょう。　*Complétez.*

1) un ordinateur (　　　　　) [noir]
2) des fleurs (　　　　　) [violet]
3) un mur (　　　　　) [gris]
4) une bibliothèque (　　　　　) [blanc]
5) des chaises (　　　　　) [bleu]
6) la fenêtre (　　　　　) [vert]

Exercice 3.3　ペアを組み、これまでに学んだ語を用いて会話をしましょう。
Par groupe de deux, posez des questions et répondez.　🔊 1-55

Ex. 1 : *De quelle couleur est l'ordinateur ?　— Il est noir.*
Ex. 2 : *De quelle couleur sont les fleurs ?　— Elles sont blanches.*

★さまざまな形容詞（1）日常的によく使う短い形容詞　🔊 1-56

grand / grande 大きい	petit / petite 小さい	joli / jolie 可愛い
mauvais / mauvaise 悪い	jeune / jeune 若い	beau / belle 美しい
bon / bonne 良い	gros / grosse 太った	haut / haute 高い

Exercice 3.4　「さまざまな形容詞（1）」の音声を聞き、繰りかえしましょう。　*Écoutez et répétez.*

Exercice 3.5　空欄に適切な形の形容詞を入れましょう。　*Complétez.*

1) une (　　　　　) fille [petit].
2) une (　　　　　) voiture [gros]
3) un (　　　　　) restaurant [bon]
4) un (　　　　　) chien [gros]
5) une (　　　　　) note [mauvais]
6) de (　　　　　) maisons [beau].

★さまざまな形容詞（2）　🔊 1-57

français / française フランス(人)の	espagnol / espagnole スペイン(人)の
japonais / japonaise 日本(人)の	chinois / chinoise 中国(人)の
suisse / suisse スイス(人)の	canadien / canadienne カナダ(人)の
intéressant / intéressante 興味深い	fatigant / fatigante 疲れる
intelligent / intelligente 頭のよい	brillant / brillante 優秀な
facile / facile 簡単な	difficile / difficile むずかしい
amusant / amusante 面白い	ennuyeux / ennuyeuse 退屈な、困った
heureux / heureuse 幸せな	malheureux / malheureuse 不幸な
pratique / pratique 便利な	agréable / agréable 快い

Exercice 3.6 「さまざまな形容詞（２）」の音声を聞き、繰りかえしましょう。 *Écoutez et répétez.*

Exercice 3.7 空欄に適切な形の形容詞を入れましょう。 *Complétez.*

1) des livres (　　　　　　) [intéressant]　　2) une comédie (　　　　　　) [amusant]
3) une étudiante (　　　　　) [brillant]　　4) une femme (　　　　　) [heureux]
5) des questions (　　　　) [difficile]　　6) des travaux (　　　　　) [fatigant]
7) des voitures (　　　　) [italien]　　8) la cuisine (　　　　　) [japonais]

■ 形容詞の女性形と複数形　*Féminin et pluriel des adjectifs*

1）男性形 / 女性形──原則（男性形 / 男性形 -e）以外

1-58

-e / 無変化	jeune / jeune 若い, riche / riche 豊かな, pauvre / pauvre 貧しい
-f / -ve	sportif / sportive スポーティーな, naïf / naïve 素朴な
-x / -se	courageux / courageuse 勇気がある
-er / -ère	cher / chère 高い・親愛なる, léger / légère 軽い
-et / -ète	complet / complète 完全な・満員の, concret / concrète 具体的な

2）語尾の子音を重ねるもの

1-59

-el / elle	naturel / naturelle 自然な, réel / réelle 現実の
-en / -enne	ancien / ancienne 古い
-on / -onne	bon / bonne 良い・美味しい

3）特殊な女性形

blanc / blanche 白い, franc / franche 率直な, frais / fraîche 新鮮な・涼しい, public / publique 公的な, faux / fausse 誤った・偽の, doux / douce 優しい・柔らかい, long / longue 長い

4）男性第 2 形をもつ形容詞

1-60

母音または無音の h で始まる**男性単数名詞**の前では**男性第 2 形**をとります。

男性単数	男性第 2 形	女性単数
beau 美しい	**bel**	belle
nouveau 新しい	**nouvel**	nouvelle
vieux 古い	**vieil**	vieille

un **bel** avenir, un **nouvel** hôtel, un **vieil** homme
de beaux avenirs, de nouveaux hôtels, de vieux hommes

 「形容詞＋複数名詞」に不定冠詞 des が付くべき場合、その不定冠詞は原則として de になります。
　　　　un bon musicien → **de** bons musiciens　　　　une belle maison → **de** belles maisons

Exercice 3.8 形容詞に関する規則を完成させましょう。 *Déduisez les règles concernant les adjectifs.*

形容詞は、名詞の性と数に**一致する・一致しない**。
複数形の -s は発音する・発音しない。
色の形容詞は、名詞の**前・後**に置く。３音節以上の形容詞は名詞の**前・後**に置く。
日常的によく使う短い形容詞は、名詞の**前・後**に置くことが多い。

 **BLOC** **4** 発音　語末の子音字／語末の -e の読み方　*Prononciation : consonne finale / e final.*

 Exercice 4.1　音声を聞き、繰りかえしましょう。また、規則を考えましょう。　🔊 1-61
Écoutez et répétez. Déduisez la règle.

1) français　　　2) chinois　　　3) elles　　　4) étudiant
5) restaurant　　6) cours　　　　7) voitures　　8) ennuyeux

規則：語末の子音字は、原則として**発音する・発音しない**。

Exercice 4.2　音声を聞き、繰りかえしましょう。また、規則を考えましょう。　🔊 1-62
Écoutez et répétez. Déduisez la règle.

1) Italie　　　　2) téléphone　　3) jaune　　　4) lampe
5) fille　　　　6) Afrique　　　7) chambre　　8) fenêtre

規則：アクサン記号のない語末の e は、原則として**発音する・発音しない**。

BLOC **5**　会話　*Conversation*　🔊 1-63

Louis : Le drapeau français, c'est blanc, bleu, rouge ?
Jean : Mais non ! Bleu, blanc, rouge ! Le bleu et le rouge sont les couleurs de la ville de Paris, le blanc la couleur de la royauté.
Louis : Oui. C'est ça. Et elles sont identiques aux couleurs du drapeau américain.
Jean : Ah, oui ? C'est vrai.

ルイ：　　フランス国旗は、白、青、赤だよね？
ジャン：違うよ！　青、白、赤だよ！　青と赤はパリ市の色で、白は王家の色なんだ。*
ルイ：　　うん。そうだね。そしてその色はアメリカ国旗の色とまったく同じなんだ。
ジャン：あっ、そう？　本当だ。
　　*色の由来には諸説あります。ここではフランス大統領府の説明を採用しました。

 Exercice 5.1　会話を聞いてシャドーイングしましょう。　*Écoutez et répétez en faisant du shadowing.*

🇫🇷 寝室と親密性 🇫🇷

ヨーロッパの住まいにはしっかりと独立した寝室があると思いがちですが、寝室が広まり始めたのはルネサンス以降です。とりわけ農村では、何世代もの大家族が、区切られた部屋のない家に住んでいました。当時は、ヨーロッパにも個人の尊重、親密性の保持という考えは希薄でした。それに、寝室は必ずしも親密な空間ではなく、貴族や領主などが来客を迎える場でした。だから、ヴェルサイユ宮殿にあるルイ 14 世の寝室はあれほど豪華なのです。そこで国王の起床の儀、就寝の儀などに臨席することは、選ばれた人びとにとって、大きな栄誉でした。18 世紀に寝室はブルジョアの住まいに広がり、19 世紀にさらに一般化します。マルセル・プルースト『失われた時を求めて』(Marcel Proust, *À la recherche du temps perdu*, 1913-1927) の作者は子ども部屋の思い出についてふんだんに書いていますが、子ども専用の寝室が一般的になるのは第 2 次世界大戦以降のことです。

Tu n'as pas chaud ?

Entrée 1-64

En France, le climat est différent selon la région. À Paris, au printemps et en automne, le temps est agréable. En été, vous avez parfois très chaud, mais la température en moyenne est de 20 degrés environ. En hiver, vous avez un peu froid.

フランスの気候は、地方によって異なります。パリは春や秋は気持ちのよい天候です。夏は時にはとても暑い日がありますが、平均気温は20度くらいです。冬は少し寒いです。

BLOC **1** 動詞 avoir とそれを使った表現 *Expressions avec le verbe* avoir

■動詞 **avoir** の直説法現在 *Présent de l'indicatif de* avoir

🔊 1-65

avoir	～を持っている、～である
j'ai	nous avons
tu as	vous avez
il a	ils ont
elle a	elles ont
on a	

 avoir は英語の have に似た意味の広がり、機能（助動詞）をもっています。

★**avoir** を使った表現
Expressions avec le verbe « avoir »

🔊 1-66

avoir faim 空腹だ　　avoir soif のどが渇いた
avoir chaud 暑い　　avoir froid 寒い
avoir sommeil 眠い　　avoir peur 怖い

🔊 1-67

★**avoir mal à** + 身体の部位 ～が痛い

J'ai mal à la tête.　　　　私は頭が痛い。
Elle a mal au ventre.　　彼女はお腹が痛い。
Tu as mal aux dents ?　　歯が痛いの？

🐾 au, aux については、L.6, p.25 を参照

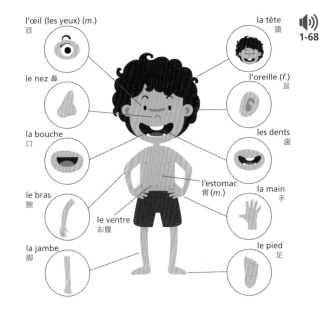

l'œil (les yeux) (*m.*) 目
la tête 頭
le nez 鼻
l'oreille (*f.*) 耳
la bouche 口
les dents 歯
le bras 腕
l'estomac 胃 (*m.*)
la main 手
le ventre お腹
la jambe 脚
le pied 足

🔊 1-68

💬 **Exercice 1.1**

（　　）内に avoir の正しい形を補い、完成した文を発音しましょう。avoir の後に mal が続くこともあります。 *Complétez les phrases avec le verbe* avoir *éventuellement suivi de* mal, *et prononcez les phrases obtenues.*

🔊 1-69

1) Vous (　　　) faim.
2) Il (　　　) sommeil.
3) J' (　　　) chaud.
4) Nous (　　　) peur.
5) Elles (　　　) soif.
6) Il (　　　) froid.
7) Tu (　　　) à la tête.
8) J' (　　　) aux dents.
9) Elle (　　　) au ventre.

● 年齢を表す表現

1-70

・avoir … an(s)
　Tu as quel âge ? ― J'ai 18 ans.

Exercice 1.2　年齢を言いましょう。 *Dites quel âge ils ont.*

1-71

Ex. : *Tu as quel âge ? ― J'ai 19 ans. Et ils ont quel âge ? ― Elle a 10 ans et il a 12 ans.*

VOUS				
1) 18 ans	2) 19 ans	3) 20 ans	4) 1 an et 11 ans	5) 8 ans et 16 ans

BLOC **2**　第1群（-er 型）規則動詞 *Verbe en -er*

1-72

visiter　〜を訪れる
je　visit**e**
tu　visit**es**
il / elle / on　visit**e**
nous　visit**ons**
vous　visit**ez**
ils / elles　visit**ent**

■ **PRONONCIATION**　発音

-er 動詞の活用語尾は 3 つの音声パターンのみ
① -e, -es, -ent 発音されない
② -ons [ɔ̃]
③ -ez [e]

🐾 語幹 visit に語尾 (-e, -es, -e, -ons, -ez, -ent) を付けます。

Exercice 2.1　動詞を活用しましょう。 *Conjuguez les verbes.*

1) aimer　　2) adorer　　3) détester　　4) habiter

■ **PRONONCIATION**　発音

1-73

母音あるいは無音の h で始まる動詞の場合には注意しましょう
j'aime（エリジオンに注意）
tu aimes（エリジオンはないことに注意）
il / elle‿aime（アンシェヌマンに注意）
nous‿aimons, vous‿aimez, ils / elles‿aiment（リエゾンに注意）

★ 果物　**fruits**

1-74

un ananas	une poire	un kiwi	un melon	une banane
パイナップル	洋ナシ	キウイ	メロン	バナナ

une clémentine	une pêche	une pomme	des cerises (*f.*)	des fraises (*f.*)
ミカン	モモ	リンゴ	サクランボ	イチゴ

Exercice 2.2　好きな果物を言いましょう。　*Dites quel fruit vous aimez.*　🔊 1-75

Ex. 1 : *Tu aimes les bananes ?　— Oui, j'aime les bananes.*
Ex. 2 : *Elles aiment les oranges ?　— Non, elles aiment les pommes.*

BLOC 3　例外的な活用の第1群(-er型)規則動詞　*Verbe en -er avec quelques exceptions*

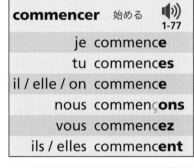

manger 食べる 🔊 1-76
je mang**e**
tu mang**es**
il / elle / on mang**e**
nous mang**eons**
vous mang**ez**
ils / elles mang**ent**

commencer 始める 🔊 1-77
je commenc**e**
tu commenc**es**
il / elle / on commenc**e**
nous commen**çons**
vous commenc**ez**
ils / elles commenc**ent**

acheter 買う 🔊 1-78
j' achè**te**
tu achè**tes**
il / elle / on achè**te**
nous achet**ons**
vous achet**ez**
ils / elles achè**tent**

appeler 呼ぶ 🔊 1-79
j' appell**e**
tu appell**es**
il / elle / on appell**e**
nous appel**ons**
vous appel**ez**
ils / elles appell**ent**

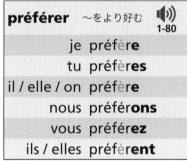

préférer 〜をより好む 🔊 1-80
je préfèr**e**
tu préfèr**es**
il / elle / on préfèr**e**
nous préfér**ons**
vous préfér**ez**
ils / elles préfèr**ent**

> acheter, appeler, préférer, etc. では、人称の活用語尾が無音の場合、前の音節の母音を [ɛ] と響かせる必要から語幹が変わります。(-er (第1群) 規則動詞の語幹の母音交替)

BLOC 4　否定文　*Phrases négatives*

■否定形の作り方　*Forme négative*

（主語）+ ne +（動詞）+ pas

Exercice 4.1　avoir を使った表現で否定文を作りましょう。
Faites des phrases négatives en employant des expressions avec le verbe avoir.　🔊 1-81

Ex. 1 : *Tu as chaud ?　— Non, je n'ai pas chaud.*
Ex. 2 : *Ils ont sommeil ?　— Non, ils n'ont pas sommeil.*

■否定文の冠詞　*Articles dans les phrases négatives*　🔊 1-82

直接目的補語の前にある不定冠詞（un, une, des）および部分冠詞（→ L.9, p.35）は、否定文では原則として **de** となります。

J'ai **un** ordinateur. → Je **n'**ai **pas d'**ordinateur.　Il y a **des** cerises. → Il **n'**y a **pas de** cerises.
直接目的補語につく定冠詞はそのまま用います。

J'aime **les** bananes. → Je **n'**aime **pas les** bananes.

Exercice 4.2　否定文で答えてください。　*Répondez par une phrase négative.*

1) Tu aimes les kiwis ?
2) Elle a un chien ?
3) Ils achètent des fleurs ?
4) Il y a une bouteille sur la table ?
5) Tu aimes le français ?
6) Vous avez des livres ?
7) J'appelle une amie.
8) Vous avez sommeil ?

BLOC 5 　数詞 21〜100　*Nombres 21 à 100*

🔊 1-83

21	vingt-et-un(e)	22	vingt-deux (...)	30	trente
31	trente-et-un(e)	32	trente-deux (...)	40	quarante
41	quarante-et-un(e)	42	quarante-deux (...)	50	cinquante
51	cinquante-et-un(e)	52	cinquante-deux (...)	60	soixante
61	soixante-et-un(e)	62	soixante-deux (...)	70	soixante-dix
71	soixante-et-onze	72	soixante-douze (...)	80	quatre-vingts
81	quatre-vingt-un(e)	82	quatre-vingt-deux (...)	90	quatre-vingt-dix
91	quatre-vingt-onze	92	quatre-vingt-douze (...)	100	cent

・70 は「60+10」、90 は「80+10」です。71 は「60+11」91 は「80+11」となります。
・数詞については新正書法を採用してあります。

Exercice 5.1 ①数字を聞いて表のどれか示しましょう。②示された数字をフランス語で言いましょう。 *Écoutez les nombres et montrez-les. Dites les nombres en français.*

🔊 1-84

21	83	42	100	74
76	35	97	55	68

BLOC 6 　会話　*Conversation*

🔊 1-85

Cécile : Bonjour, j'ai chaud !

Hugo : Bonjour ! C'est vrai. La température est de 29 degrés aujourd'hui. J'ai soif.

Cécile : Tiens ! J'ai une bouteille d'eau. Il y a aussi un pack de jus d'orange dans le frigo.

Hugo : Moi, j'ai faim aussi.

Cécile : J'ai des pommes. Il y a un melon dans la cuisine.

Hugo : Merci ! Oh ! C'est un grand melon ! Ce soir, on mange ça pour le dessert. Maintenant je mange une pomme.

セシル： こんにちは、今日は暑いわね！
ユゴー： こんにちは、ほんとうだね。今日は気温が29度だ。のどがかわいたよ。
セシル： どうぞ、水を1瓶持っているわ。冷蔵庫にはオレンジジュースが1パックあるわよ。
ユゴー： ぼく、おなかもすいた。
セシル： リンゴがあるわ。キッチンにメロンもあるわよ。
ユゴー： ありがとう！おや、大きなメロンだ！今夜はデザートにこれを食べよう。今はリンゴを1個食べるよ。

Exercice 6.1 会話を聞いてシャドーイングしましょう。 *Écoutez et répétez en faisant du shadowing.*

🇫🇷 フランスの食料自給率 🇫🇷

フランスは地理の変化に富んでいます。広い平野も多く、農業や牧畜も盛んです。フランスの食料自給率は高く、日本の農林水産省が推計した 2013 年のカロリーベース総合自給率は、フランスでは 130%でしたが、日本では 39%にすぎませんでした。フランスの農業・食糧省によると、2019 年のフランスの農業生産高は 770 億ユーロで、欧州連合内でトップでした。パン小麦と呼ばれる小麦も欧州連合内では最大の生産国で、世界でも第 5 位です。牧畜も盛んで、1800 万頭の牛が飼育されていて、これは欧州連合内で最大級です。大西洋に面していることから漁業や海産物の養殖も盛んで、フランス国立統計経済研究所の統計によれば欧州連合内第 5 位の漁業生産高（2019 年に約 17 億ユーロ）です。変化に富んだ地理的条件のおかげで、フランスの豊かな食生活が支えられているのです。

C'est mon frère, Antoine.

Entrée 2-01 写真

C'est la photo de classe de ma grand-mère. Elle s'appelle Henriette. Sur la photo, elle a 11 ans ! C'est la fille très sérieuse avec des lunettes. Elle ne sourit pas parce qu'elle n'aime pas beaucoup les photos ! Sa professeure est devant le piano et elle a un livre à la main. Elle a l'air stricte, non ?

祖母のクラス写真
これは私の祖母のクラス写真です。彼女はアンリエットといいます。写真では11歳です。眼鏡をかけ、とても真面目な顔をした女の子が祖母です。写真があまり好きではないので、微笑んでいません。先生はピアノの前にいて、手には本を持っています。厳しそうな先生だと思いませんか？

BLOC 1 所有形容詞 *Les adjectifs possessifs*

2-02

		被所有物		
		m.s.	*f.s.*	*m. f. pl.*
所有者	je	**mon** père	**ma** mère (**mon** amie)	**mes** parents
	tu	**ton** père	**ta** mère (**ton** amie)	**tes** parents
	il / elle	**son** père	**sa** mère (**son** amie)	**ses** parents
	nous	**notre** père, **notre** mère		**nos** parents
	vous	**votre** père, **votre** mère		**vos** parents
	ils / elles	**leur** père, **leur** mère		**leurs** parents

 英語の所有形容詞のかたちは、所有者の人称と性によって決定されます。フランス語の場合は、所有者の人称と被所有物の性と数によって決定されます。

mon oncle　私のおじ　　　　　　　ma tante　私のおば
son père　彼(女)の父　　　　　　　英語　his father, her father
sa mère　彼(女)の母　　　　　　　英語　his mother, her mother

 所有物が女性単数で、その名詞が母音もしくは無音の h ではじまるとき、ma, ta, sa の代わりに mon, ton, son を用い、リエゾンをおこないます。

× ma amie　→　√ mon amie　　　　× ta école　→　√ ton école
× sa héroïne　→　√ son héroïne

★教室にあるもの（2）　Les objets de la salle de classe (2)

2-03

des ciseaux (*m.*) はさみ　　　　un classeur ファイル　　　　une feuille 紙
un bureau 学習机　　　　　　　une chaise 椅子　　　　　une tableau 黒板

 **Exercice 1.1** ペアで教室にあるものを示しフランス語でそのものの名前を言ってもらいましょう。*Montrez du doigt un objet présent dans la classe à votre voisin et faites-lui dire son nom en français.* 2-04

Ex. : *Qu'est-ce que c'est ? — C'est une table.*

Exercice 1.2 教室にあるものを隣の人に指し示して、所有形容詞を用いてそれが誰のものであるかを言いましょう。*Désignez à votre voisin un des objets de la classe et faites-lui dire à qui il appartient à l'aide d'un adjectif possessif.* 2-05

Vocabulaire : un stylo, des stylos, un livre, des livres, une table, un sac à dos, un cahier, une chaise

Ex. : *Qu'est-ce que c'est ? — C'est son dictionnaire.*

BLOC 2 家族と所有形容詞 *La famille et les adjectifs possessifs*

★家族　La famille

le grand-père 祖父	la grand-mère 祖母	les grands-parents 祖父母	

l'oncle おじ	le père 父	la mère 母	les parents 両親
la tante おば	le fils 息子	la fille 娘	les enfants 子供たち
le neveu 甥	le frère 兄弟	la sœur 姉妹	les frères et sœurs 兄弟姉妹
la nièce 姪	le mari 夫	la femme 妻	le couple カップル
	le compagnon 伴侶（男性）	la compagne 伴侶（女性）	

le petit-fils 孫息子	la petite-fille 孫娘	les petits-enfants 孫たち
le cousin 従兄弟	la cousine 従姉妹	les cousins 従姉弟たち

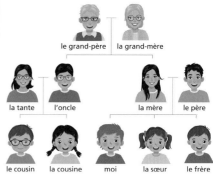

Exercice 2.1　隣の人と次のような役割分担をしましょう：学生 B はこの表の人物の 1 人を演じ、学生 A が尋ねる家族の別のメンバーにかかわる質問に答えます。

Avec votre voisin, répartissez-vous les rôles comme suit : l'étudiant B joue le rôle d'un des personnages ci-dessus et répond aux questions de l'étudiant A concernant un autre membre de la famille.

Ex. : A : *Qui est-ce ?*
　　　 B : *C'est ma sœur, Mathilde.*

Exercice 2.2　文末にある主語人称代名詞を参考にして、所有形容詞を入れましょう。

À l'aide du pronom sujet entre parenthèses à la fin de la phrase, complétez les phrases suivantes avec l'adjectif possessif qui convient.

Ex. : *Ici, c'est « votre », non ?　— Oui, c'est « votre ». / Non, c'est « ton ».*
1)　Tu as (　　　　　　　) livre de français ?　　　　　　[tu]
2)　Voici (　　　　　　　) professeur, M. Martin.　　　　　[vous]
3)　(　　　　　　　) grand-mère s'appelle Renée.　　　　　[il]
4)　(　　　　　　　) université est à Lyon.　　　　　　　　[nous]
5)　(　　　　　　　) enfants parlent très bien anglais.　　　[ils]
6)　C'est quand (　　　　　　　) anniversaire ?　　　　　　[elle]

BLOC 3 前置詞と冠詞の縮約 *Prépositions et articles contractés*

★前置詞　Quelques prépositions

avec	Chloé mange **avec** son amie.	クロエは友達と食事する。
sans	Tu étudies le français **sans** dictionnaire ?	君は辞書なしでフランス語を勉強するの？
pour	Il achète un cadeau **pour** sa mère.	彼は母にプレゼントを買う。
en	Elle va à l'université **en** métro.	彼女はメトロで大学に行く。
sur	Ils regardent des vidéos **sur** Internet.	彼らはインターネットでビデオを見る。
chez	Vous restez **chez** vous le week-end ?	あなた（がた）は週末に家にいますか？

Exercice 3.1　適切な前置詞を選びましょう。　*Choisissez la préposition qui convient.*

1)　Mélanie achète des livres (avec / sur / en) ligne : c'est rapide et très facile !
2)　Un verre d'eau (avec / sans / pour) des glaçons, s'il vous plaît.
3)　Chérie ! Où est mon téléphone ?　— Regarde (avec / pour / sur) ton bureau.
4)　Les Japonais mangent le riz (avec / sans / sur) des baguettes.
5)　On mange (avec / sans / chez) moi samedi soir ?

24

■前置詞 **de, à** と定冠詞 **le, les** の縮約　*Les prépositions à et de et les articles contractés*

2-09

前置詞 de, à は、定冠詞 le, les の前に置かれるとそれぞれ du, des, au, aux という形になります。
これを「縮約」と呼びます。定冠詞 la, l' の前では縮約はおこりません。

de + le →　　du [dy]	**à + le →　　au** [o]
(de + la →　de la)	(à + la →　à la)
(de + l' →　de l')	(à + l' →　à l')
de + les →　des	**à + les →　aux**

la lumière **du** soleil 太陽の光　　　la chambre **des** enfants 子どもたちの寝室
un café **au** lait 一杯のカフェオレ　　**aux** Champs-Élysées シャンゼリゼに（で）

 **Exercice 3.2**　次の下線部を、必要があれば縮約形にしましょう。
Mettez des articles contractés si nécessaire.

1) la porte <u>de le</u> restaurant
2) le président <u>de les</u> États-Unis
3) Le petit garçon est <u>à l'</u>école.
4) Je parle <u>à les</u> enfants.

BLOC 4　不規則な女性形　*Féminins et pluriels irréguliers*

■形容詞の不規則な女性形　*Quelques adjectifs au féminin et pluriels irréguliers*

 **Exercice 4.1**　以下の表を完成させましょう。　*Complétez le tableau ci-dessous.*

	singulier		pluriel	
	masculin	*féminin*	*masculin*	*féminin*
快適な	confortable	confortable	confortables	c_____
美しい	**beau**	**belle**	beau**x**	belle**s**
新しい	nouv**eau**	n_____	n_____	nouv**elles**
スポーツの	sporti**f**	sport**ive**	s_____	s_____
真面目な	s_____	sérieuse	s_____	s_____
新品の	n**euf**	n**euve**	n**eufs**	n**euves**

・語末が **-e** の形容詞の女性形は**同形**です。
・語末が **-eau** の形容詞の女性形は **-elle** です。
・語末が **-eau** の形容詞の複数形は **-eaux** です。
・語末が **-if** の形容詞の女性形 **-ive** です。
・語末が **-eux** の形容詞の複数形は**同形**です。
・語末が **-euf** の形容詞の女性形は **-euve** です。

BLOC 5　さまざまな否定　*Autres formes de négation*

2-10

ne...pas encore（まだ…ない）　　Je **n'**ai **pas encore** d'ordinateur. 私はまだコンピューターを持っていない。
ne...plus（もう…ない）　　　　Nous **ne** sommes **plus** des lycéens. 私たちはもう高校生ではない。
ne...jamais（けっして…ない）　　Il **ne** fait **jamais** de fautes. 彼はけっして間違えない。
ne...rien（何も…ない）　　　　Mon chien **ne** mange **rien** depuis ce matin. 私の犬は朝から何も食べていない。
ne...personne（誰も…ない）　　Il **n'**y a **personne** dans la salle de classe. 教室に誰もいない。
ne...pas du tout（まったく…ない）　Vous **n'**avez **pas du tout** faim ? あなたはまったくおなかがすいていないの？

　制限（否定の de は用いない）
　　　　ne...que（…しかない）　　Je **n'**ai **qu'**un frère. 私は兄弟が1人しかいない。

2-11

Valérie : Ouah ! Belle photo ! Tu es mignonne, comme ça, en kimono !

Sanaé : Merci. C'est pour mes sept ans. C'est une tradition japonaise.

Valérie : Et là, c'est qui ?

Sanaé : C'est mon petit frère.

Valérie : Il a quel âge ?

Sanaé : Sur la photo, il a 5 ans, mais maintenant, il a 20 ans.

Valérie : Il s'appelle comment ?

Sanaé : Il s'appelle Yuma.

ヴァレリ： あら！きれいな写真！着物姿でかわいいわね！
サナエ： ありがとう。7歳のお祝いよ。日本の伝統なの。
ヴァレリ： それ、誰？
サナエ： 私の弟よ。
ヴァレリ： 何歳なの？
サナエ： 写真では5歳だけれど、今は20歳よ。
ヴァレリ： 名前はなんて言うの？
サナエ： ユウマと言うのよ。

 **Exercice 6.1** 会話を聞いてシャドーイングしましょう。 *Écoutez et répétez en faisant du shadowing.*

Exercice 6.2 家系図を表の形で作り、隣の人の質問に答えましょう。隣の人は家系図の家族のメンバーを指し示して Valérie の役割を演じます。 *Dessinez très schématiquement votre arbre généalogique et répondez aux questions de votre voisin qui joue le rôle de Valérie et désigne un des membres de votre famille.*
注：隣の人に家族の中の1人の写真を見せたり、架空の家族の話をしたりしてもよいでしょう。

🇫🇷 フランスの家族と子ども 🇫🇷

家族形成と子どもについては日仏間でいくつかの違いがありますが、最も重要なものの一つが婚外子の率です。日本が 2.4% であるのに対し、フランスはヨーロッパのなかでも高く、なんと 63% です。フランスでは 1960 年代以降に「脱結婚」が進み、結婚せずに子どもを産み、家族形成をすることが多くなりました。1999 年に、結婚に準じたパートナシップである連帯市民協約（PACS）が制度化され、PACS の件数が結婚のそれに迫っていることも婚外子が多くなる要因です。2013 年に合法化された同性婚のもとでは、同性カップルが親となることも認められました。家族をめぐる日仏間の違いとして、両親の離婚後、両方の親と子どもとの絆が保たれる共同親権をあげることもできます。

Qu'est-ce que vous choisissez comme langue étrangère ?

Entrée 2-12

En France, l'apprentissage des langues étrangères commence à l'école maternelle. Puis le collège propose une deuxième langue vivante. Qu'est-ce que les jeunes Français choisissent comme deuxième langue étrangère? Beaucoup choisissent l'espagnol. Le gouvernement encourage l'apprentissage de l'allemand, car l'Allemagne est un partenaire très important dans tous les domaines.

フランスでは、外国語の学習が幼稚園から始まります。そして中学では第2外国語が学べます。第2外国語として若いフランス人は、何を選ぶのでしょうか? 多くがスペイン語を選びます。ドイツはすべての分野で重要なパートナーなので、政府はドイツ語の学習を奨励しています。

BLOC 1 -ir（第2群規則）動詞 *Verbes en -ir*

finir 終える	2-13
je fin**is**	
tu fin**is**	
il / elle fin**it**	
nous fin**issons**	
vous fin**issez**	
ils / elles fin**issent**	

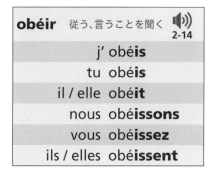

obéir 従う、言うことを聞く	2-14
j' obé**is**	
tu obé**is**	
il / elle obé**it**	
nous obé**issons**	
vous obé**issez**	
ils / elles obé**issent**	

- その他の -ir 動詞
  choisir 選ぶ, guérir 治す, réussir 成功する、など。
- 不定詞の語尾が -ir でも、finir、obéir のように活用しない動詞もあります。
  Ex.: partir 出発する, sortir 出る（→L.12, p.47）、など。

🔍 **Exercice 1.1**　以下の表を完成させましょう。　*Conjuguez les verbes suivants.*

choisir 選ぶ		2-15
je _____	nous _____	
tu _____	vous _____	
il / elle _____	ils / elles _____	

réussir 成功する		2-16
je _____	nous _____	
tu _____	vous _____	
il / elle _____	ils / elles _____	

BLOC 2 疑問文の作り方（1）疑問詞を用いない疑問文 *Phrases interrogatives (1)* 2-17

（1）　文末を上げるイントネーションと疑問符（?）
Vous habitez en France. → Vous habitez en France **?**
Tu aimes le cinéma. → Tu aimes le cinéma **?**

（2）　文頭に est-ce que (qu') を上げるイントネーションと疑問符
Elles sont étudiantes. → **Est-ce qu'**elles sont étudiantes **?**
Il a des frères et sœurs. → **Est-ce qu'**il a des frères et sœurs **?**

（3）　主語と動詞を倒置させる（倒置疑問文）
Elles sont étudiantes. → **Sont-elles** étudiantes **?**
Ils obéissent à leurs parents. → **Obéissent-ils** à leurs parents **?**
Il travaille à la bibliothèque. → **Travaille-t-il** à la bibliothèque **?**

倒置の際にトレデュニオン (-) を忘れないように!

 3人称単数で動詞の活用語尾が母音で終わる場合は、動詞と主語のあいだに -t- を入れます。（母音の衝突を避けるため。）

Exercice 2.1　① 以下の質問を読みましょう。　*Lisez les questions suivantes.*
② 質問を **est-ce que** 疑問文と倒置疑問文で言い換えましょう。
Reformulez les questions dans les deux autres formes de phrases interrogatives.

1) Vous avez faim ?
2) Ils ont dix-huit ans ?
3) Vous parlez japonais ?
4) Tu choisis le français comme langue étrangère ?
5) Elle aime la cuisine française ?
6) Tu préfères le café ou le thé ?

■主語が普通名詞、固有名詞の場合の倒置疑問文　（複合倒置）*Phrases interrogatives avec noms communs* 🔊2-18
ou propres comme sujet

Léa et Julie aiment le cinéma. → **Léa et Julie aiment-elles** le cinéma **?**
Le cours commence à 13 heures. → **Le cours commence-t-il** à 13 heures **?**

🐾 あらたまった発言以外の話し言葉ではあまり用いられません。

Exercice 2.2　以下のルールを完成させましょう。　*Déduisez la règle.*

複合倒置による疑問文では、まず＿＿＿＿＿を出してから同じ＿＿＿の＿＿＿で受け直して倒置
をおこなう。

BLOC ③ 大学にて　*À l'université*　🔊2-19

★学科など

la faculté 学部
les lettres (*f.*) 文学　　le droit 法学　　l'économie (*f.*) 経済学
la philosophie 哲学　　l'histoire (*f.*) 歴史学　　la sociologie 社会学
la chimie 化学　　la physique 物理学　　l'architecture (*f.*) 建築学
la médecine 医学　　la pharmacie 薬学　　l'agriculture (*f.*) 農学

le cours 授業　　la leçon 課　　la matière 科目

la salle de classe 教室　　la bibliothèque 図書館
le restaurant universitaire 大学食堂　　la cité universitaire 大学都市（学生寮）
（会話ではしばしば resto U、R.U. と略します。）

 試験には、基準点以上を取得すればよいexamenと、順位や定員が設定されたconcoursがあります。日本の大学やフランスのエリート校（grandes écoles）でおこなわれる入学試験（concours d'entrée）は後者、フランスの大学に入学する資格が得られるバカロレア（baccalauréat *m.*）は前者です。

★序数　1 〜 21　🔊2-20

1er premier	2e deuxième	3e troisième	4e quatrième	5e cinquième
6e sixième	7e septième	8e huitième	9e neuvième	10e dixième
11e onzième	12e douzième	13e treizième	14e quatorzième	15e quinzième
16e seizième	17e dix-septième	18e dix-huitième	19e dix-neuvième	20e vingtième
21e vingt-et-unième				

 「第1の」の女性形は、1re première です。「第2の」についてはもう1つの形態 2^d (2nd) second / 2de (2nde) seconde があります。

 序数の用法：le 1er janvier（1月1日）, Napoléon Ier（ナポレオン1世）, le XXe siècle（20世紀）。日付や君主については、「1日」、「1世」以外は基数を用います。

Exercice 3.1

右の文が答えとなるような質問を書きなさい。a) は **est-ce que** の形、b) は倒置疑問文とします。 *Imaginez les questions correspondant aux réponses. a) avec est-ce que, b) avec inversion sujet / verbe.*

1) a) _____ — Oui, je suis étudiant en médecine.
   b) _____

2) a) _____ — Non, elles n'étudient pas le droit,
   b) _____ elles étudient l'histoire.

3) a) _____ — Oui, je travaille à la bibliothèque
   b) _____ après les cours.

4) a) _____ — Non, elles n'étudient pas le droit,
   b) _____ elles étudient l'histoire.

BLOC 4 否定疑問文 *Phrases interro-négatives* 🔊 2-21

Est-ce que tu **n'**aimes **pas** le cinéma ?
— Non, je n'aime pas le cinéma. / **Si**, j'aime le cinéma, mais je préfère le théâtre.

君は映画を好きではない？—うん、好きではないよ。／いや、好きだよ。でも、演劇の方が好きなんだ。

N'aimes-tu **pas** le cinéma ?   — **Si**, j'aime le cinéma, mais je préfère le théâtre.
Ne sont-ils **pas** étudiants ?   — Non, ils ne sont pas étudiants, ils travaillent déjà.

彼らは学生ではないのかい？—うん、彼らは学生ではなく、もう働いているよ。

Exercice 4.1

以下のルールを完成させましょう。 *Déduisez la règle.*

否定疑問文に対する答えが、肯定文となる場合は_____を、
_____文となる場合は_____を用いる。

Exercice 4.2

ペアを組み、3.1. のすべての質問を否定疑問文にし、それに肯定と否定で答えましょう。
Par groupe de deux, faites des phrases interro-négatives à partir de l'exercice 3.1. et répondez.

Ex. 1 : *Est-ce que tu **n'**aimes **pas** le cinéma ?   — **Si**, j'aime le cinéma.*
Ex. 2 : ***N'**aimes-tu **pas** le cinéma ?   — **Non**, je n'aime pas le cinéma.*

BLOC 5 疑問文 Qu'est-ce que ? *Phrase interrogative Qu'est-ce que ?* 🔊 2-22

動詞の目的語を問う疑問文の作り方（L.12, p.47 を参照）

Qu'est-ce que tu as ?   — J'ai un peu mal à la tête.   どうしたんだい？—少し頭が痛いんだ。
Qu'est-ce que vous regardez ?   — Nous regardons un film intéressant.

何を見ているんですか？—面白い映画を見ているんです。

Qu'est-ce qu'ils choisissent comme langue étrangère ?   — Ils choisissent le français.

彼らは外国語科目として何を選ぶのですか？—フランス語を選びます。

Exercice 5.1

ペアを組み、質問に答えましょう。
Par groupe de deux, posez les questions suivantes et répondez.

1) Qu'est-ce que tu étudies à l'université ? — _____.
2) Qu'est-ce que tu as comme cours dans l'après-midi ? — _____.
3) Qu'est-ce que vous mangez d'habitude au resto U ? — _____.
4) Qu'est-ce qu'il cherche ? — _____.
5) Qu'est-ce qu'elle écoute sur son smartphone ? — _____.
6) Qu'est-ce que tu aimes comme matière ? — _____.

BLOC 6 — h, ch, ph, thの読み方 *Prononciation : h, ch, ph, th*

Exercice 6.1　音声を聞き、繰りかえしましょう。また、ルールを考えましょう。
Écoutez et répétez. Déduisez la règle.　🔊 2-23

1) **h**abiter
2) **h**omme
3) **h**ôtel
4) **ch**ampignon
5) **ch**at
6) ar**ch**itecte
7) **ch**ou à la crème
8) **ph**armacie
9) **ph**ilosophie
10) **ph**ysique
11) mé**th**ode
12) **th**éâtre

語頭の **h** は、**発音する**・**発音しない**。　　　ch は、**[ʃ]**・**[tʃ]** と発音する。

ph は、**[f]**・**[p]** と発音する。　　　　　　　th は、**[θ]**・**[t]** と発音する。

■無音の **h** ／ 気音の **h**　🔊 2-24

無音の h　un‿homme, l'homme, les‿hommes; un‿hôtel, l'hôtel, les‿hôtels

気音の h　un | héros, le | héros, les | héros

Exercice 6.2　上の例からルールを考えましょう。　*Déduisez la règle.*

無音の h 前では、エリズィオンを**する**・**しない**。リエゾンを**する**・**しない**。

気音の h 前では、エリズィオンを**する**・**しない**。リエゾンを**する**・**しない**。

*無音の h と気音の h では、前者の方が圧倒的に多く見られます。

BLOC 7 — 会話 *Conversation*　🔊 2-25

Marie :　En France, l'école maternelle est obligatoire dès trois ans.

Ken :　Dès trois ans ? C'est très tôt !

Marie :　Oui. Et l'apprentissage de la première langue vivante étrangère commence l'année suivante.

Ken :　Ça aussi, c'est très tôt. Mais les jeunes enfants ont plus de faculté à reproduire des sons nouveaux.

Marie :　Oui. Et presque tout le monde choisit l'anglais comme première langue étrangère.

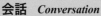

マリー：　フランスでは、3歳から幼稚園に通うことが義務となっているわ。
ケン：　　3歳から？　それはとても早いね。
マリー：　そうなの。それで第1外国語の学習は次の年に始まるの。
ケン：　　それもまたとても早いな。でも、小さな子どもの方が新しい音を発音する能力があるよね。
マリー：　そう。それで、ほとんどの人が第1外国語として英語を選ぶの。

Exercice 7.1　会話を聞いてシャドーイングしましょう。　*Écoutez et répétez en faisant du shadowing.*

🇫🇷 国際語としてのフランス語 🇫🇷

今日のフランス語には英語から入ってきた語彙が多く含まれています。かつては逆に、1066 年のノルマン人によるイングランドの征服以後およそ 300 年間、フランス語がイギリスの公用語でした。最高勲章であるガーター勲章のモットー Honni soit qui mal y pense（悪意を抱く者に災いあれ）がフランス語なのは、その名残です。1539 年のヴィレール・コトレ勅令によってフランス語は行政、司法の公用語となり、18 世紀になると、ヨーロッパ大陸の数かずの宮廷で用いられる国際語になりました。フランコフォニー国際機関（OIF）によると、今日、フランス語を母語としているのは 1 億 2300 万人。公用語、第 2 言語も含めると約 3 億人になります。これは、フランス本国の話者の 4.5 倍近くです。アフリカでのフランス語人口の伸びは著しく、2050 年のフランス語圏は、7 億人規模になると予想されています。

Combien de personnes y a-t-il ?

Entrée 🔊 2-26

Quels sont les sites touristiques célèbres en France ?
En France, il y a 96 départements métropolitains. Par exemple, le département des Yvelines a le château de Versailles. Pourquoi le château de Versailles est-il populaire ? C'est parce que son architecture est magnifique et que ses jardins sont beaux.

フランスの有名な観光地はどこでしょうか？フランスには本土の県が96あります。たとえばイヴリーヌ県にはヴェルサイユ宮殿があります。なぜヴェルサイユ宮殿は人気があるのでしょうか。それは建築が壮麗で庭園が美しいからです。

BLOC 1 　疑問副詞を使った表現　*Expressions avec les adverbes interrogatifs*　🔊 2-27

■疑問副詞　*Adverbes interrogatifs*

où どこ	d'où どこから	quand いつ	depuis quand いつから
pourquoi なぜ	comment どうやって	combien いくら	combien de いくつ

疑問副詞は基本的に文頭に置かれ、その後は主語と動詞が倒置します。（est-ce que を用いれば、倒置は不要）。また、pourquoi を除き、複合倒置をしない傾向があります。会話では疑問副詞が文頭に置かれないこともあります。

Où habitent tes parents ? 　　　　　　　　君の両親はどこに住んでいるの？
Quand est-ce que vous allez au concert ? 　いつコンサートに行くのですか？
Pourquoi Odile est-elle si pressée ? 　　　オディルはなぜあんなに急いでいるのだろう？

💬 Exercice 1.1

次の会話に疑問副詞を補い、文を完成させてください。
Complétez avec les adverbes interrogatifs appropriés.

1) Tu es (　　　　　　) ? 　— Je suis à la gare de Shibuya.
2) Chloé arrive (　　　　　　) ? 　— Elle arrive aujourd'hui.
3) Raphaël va (　　　　　　) ? 　— Il va très bien.
4) Jade sort (　　　　　　) ? 　— Parce qu'elle va à l'université.
5) Vous avez (　　　　　　) frères et sœurs ? 　— J'ai une sœur.

💬 Exercice 1.2

Exercice 1.1 の質問を次のように変えましょう。① est-ce que を用いて、②主語と動詞の倒置を用いて。
Reformulez les questions de l'exercice 1.1 en employant est-ce que *ou avec l'inversion du sujet.*

BLOC 2 　数と時間　*Nombres et heures*

💬 Exercice 2.1

1 から 100 までの数字を使って人数を尋ねたり必要な人数を言いましょう。
Demandez à votre voisin(e) le nombre de personnes à l'aide de il y a *ou* il faut.

Ex. : *Combien de personnes y a-t-il dans la salle de classe ?　— Il y a trente personnes.*
Combien de personnes faut-il pour jouer au football ?　— Il faut onze personnes.
Combien de personnes faut-il pour jouer au rugby ?　/ au basketball ?

💬 Exercice 2.2

フランス語で足し算をしましょう。　*Faites l'addition en français.*

Ex. : *Dix-sept et douze, ça fait combien ? — Ça fait vingt-neuf.*

1) 19 + 30 = ?　　3) 33 + 61 = ?　　5) 54 + 14 = ?　　7) 81 + 12 = ?
2) 11 + 81 = ?　　4) 49 + 27 = ?　　6) 75 + 21 = ?　　8) 93 + 6 = ?

●時刻の表現　**Dire l'heure.**

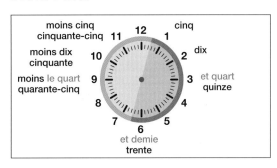

moins cinq cinquante-cinq	12	cinq
moins dix cinquante		dix
moins le quart quarante-cinq		et quart quinze
	et demie trente	

10 h 00　Il est **dix** heures du matin.
10 h 15　Il est **dix** heures **et quart** du matin.
10 h 30　Il est **dix** heures **et demie** du matin.
10 h 45　Il est **onze** heures **moins le quart** du matin.
12 h 00　Il est **midi**. ／ 0 h 00　Il est **minuit**.

	24 時間制 Manière digitale
10 h 15	Il est **dix** heures **quinze**.
18 h 30	Il est **dix-huit** heures **trente**.

	12 時間制 Manière analogique
	Il est **dix** heures **et quart** du matin.
	Il est **six** heures **et demie** du soir.

Exercice 2.3　次の時計の時刻を書きましょう。　*Écrivez l'heure.*

6:05

1) 7:15　2) 9:30　3) 10:45　4) 12:10　5) 1:55

Ex. : *Il est 6 h 05 (du matin / du soir).*

Exercice 2.4　友達に時間を尋ねましょう。相手は自由に時間を選んで返事をします。尋ねた人は時間を書き取り、相手に確認してもらいましょう。
Demandez l'heure à votre voisin(e) qui répond une heure imaginaire. Écrivez-la. Votre voisin(e) vérifie.

Ex. : *Quelle heure est-il ? B : Il est 6 h 05 du soir. A : « 6 h 05 », c'est ça ? B: Oui, c'est bien ça.*

BLOC 3　非人称構文　*Construction impersonnelle*

■非人称構文（**1**）　*Construction impersonnelle 1*

il y a ...　〜があります
il faut ...　〜が必要です

 数が単数でも複数でも表現は変わりません。

★食器・炊事用具　**Objets de table et ustensiles de cuisine**

2-29

une assiette 皿

une fourchette フォーク

un couteau ナイフ

un bol ボール
une nappe テーブルクロス
une casserole 鍋
une poêle フライパン
une tasse カップ
des baguettes (*f.*) 箸

une cuillère スプーン

un gobelet カップ

un verre グラス

Exercice 3.1　食器・炊事用具の語彙を使った会話練習をしましょう。
Productions orales avec le vocabulaire des objets de table et des ustensiles de cuisine.

Ex. 1 : *Qu'est-ce qu'il y a sur la table ?　— Il y a un couteau.*
Ex. 2 : *Où est la nappe ?　— Elle est sur la table.*

■非人称構文（**2**）　*Construction impersonnelle 2*

2-30

il est + 形容詞 de + 動詞　**Il est** difficile **de** choisir entre ceci et cela. これとあれの間で選ぶのは難しい。
il suffit de + 動詞　**Il suffit de** passer le pont. 橋を渡れば十分だ。

| il faut + 動詞 | **Il faut** tout changer. すべてを変えなくてはならない。 |
| | **Il** ne **faut** pas manger en classe. 教室で食べてはいけない。 |

Exercice 3.2　友達にアドバイスをしましょう。　*Donnez des conseils à votre voisin(e).*

Ex. : *Pour être en bonne santé, ... [manger des fruits]*
Pour être en bonne santé, il est bon de manger des fruits ∣ il suffit de manger des fruits ∣ il faut manger des fruits.

1) Pour rester jeune, ... [manger des légumes]
2) Pour réussir à l'examen, ... [travailler]
3) Pour bien chanter au karaoké, ... [répéter plusieurs fois]

BLOC 4 関係代名詞 qui と que *Pronoms relatifs : qui, que*

2-31

■ qui

qui は主語として用いられ、先行詞は人でもものでも可能です。

J'ai un ami **qui** va en France cet été. 私は今夏フランスへ行く友達がいます。

← J'ai un ami. Cet ami va en France cet été.

J'aime les romans **qui** parlent d'amour. 私は愛について書かれた小説が好きだ。

← J'aime les romans. Ces romans parlent d'amour.

■ que

que は直接目的補語として用いられ、先行詞は人でもものでも可能です。

Versailles est un monument **que** beaucoup de touristes visitent.

ヴェルサイユ宮殿は多くの観光客が訪れる建造物です。

← Versailles est un monument. Beaucoup de touristes visitent ce monument.

J'ai un ami **que** j'aime bien. 私は大好きな友達がいます。

← J'ai un ami. J'aime bien cet ami.

Exercice 4.1　関係代名詞 qui あるいは que を用いて 1 文にまとめましょう。
Faites une phrase en utilisant les pronoms relatifs qui *ou* que.

1) La France est un pays. Le pays a 96 départements.
2) Versailles est un site célèbre. Beaucoup de touristes visitent le site.
3) Henriette est une fille. Elle n'aime pas beaucoup les photos.
4) Raphaël est un garçon. Ses amis vont aller voir le garçon.
5) Gaspard est un étudiant. Il pose souvent des questions.

BLOC 5 関係代名詞 où *Pronom relatif* où

2-32

場所を表す関係代名詞で、先行詞は場所や時間を表す語彙です。

Voici la maison **où** il habite depuis des années. これが彼が数年来住んでいる家です。

Décembre est un mois **où** j'achète beaucoup de cadeaux. 12月はプレゼントをたくさん買う月です。

Exercice 5.1　次の（　）に適切な関係代名詞を入れましょう。
Complétez les phrases avec les pronoms relatifs.

1) Voilà l'entreprise (　　　　　) mon père travaille.
2) C'est un garçon (　　　　　) a toujours faim.
3) Voici la fleur (　　　　　) mes parents aiment tant.
4) C'est le jour (　　　　　) nous allons à l'école.

BLOC **6** 天候 *La météo*

🔊 2-33

■非人称構文（3）*Construction impersonelle (3)*

Il fait + ［天候を表す形容詞］/ Il y a + ［天候を表す名詞］/ Il + ［天候を表す動詞］

★天候　**Météo**

Il fait chaud / froid. 暑い／寒い
Il fait doux / frais. あたたかい／涼しい

Il fait humide / sec.
湿度が高い／湿度が低い

Il y a du soleil / des nuages / du vent.
日が出ている／雲がある／風がある

Il pleut / neige. 雨が降っている／雪が降っている
Il fait ... degrés. 気温が…度だ

💬 **Exercice 6.1**　会話を聞いて空欄に入る天候を表す語を語彙のリストから選んで書きましょう。
Écoutez et complétez les phrases à l'aide du vocabulaire de la météo.

🔊 2-34

[beau, froid, mauvais, nuages, pleut, soleil, vent]

1) Quel temps fait-il à Paris ?　— Il fait (　　　　　　). Il y a du (　　　　　　).
2) Quelle température fait-il à Lyon ?　— Il fait 10 degrés. Il fait (　　　　　　).
3) Quel temps fait-il à Strasbourg ?　— Il fait (　　　　　). Il (　　　　　　).
4) Quel temps fait-il à Marseille ?　— Il y a des (　　　　　). Il y a du (　　　　　).

BLOC **7** 会話 *Conversation*

🔊 2-35

Odile : Demain, nous allons à la montagne. Quel temps fait-il demain matin ?

Gaspard : Normalement, il fait beau. C'est nuageux demain après-midi mais il ne pleut pas.

Odile : C'est bien ! Demain midi, on fait un pique-nique !

Gaspard : Oui. Dans le sac à dos que j'ai maintenant il y a des fourchettes, des couteaux, des assiettes et des gobelets en carton.

Odile : Nous sommes prêts ! On prend le train qui part à quelle heure ?

Gaspard : À 7 heures du matin. Il faut arriver à la gare à 7 heures moins 10.

オディール：　明日、山に行こう。明日の朝はどんな天候かな？
ギャスパール：天気はいいはずだよ。明日の午後は曇りだけれど、雨は降らないよ。
オディール：　よかった！明日のお昼は、外でお弁当だ！
ギャスパール：そうだね。今日ぼくが持っているリュックサックに、フォークとナイフとお皿と紙コップがあるよ。
オディール：　準備万端だ！ぼくたちの電車は何時かな？
ギャスパール：朝7時だよ。駅に7時10分前に着かないといけないね。

💬 **Exercice 7.1**　会話を聞いてシャドーイングしましょう。　*Écoutez et répétez en faisant du shadowing.*

🇫🇷 フランスの県 🇫🇷

フランスにはヨーロッパ内の本土および周辺に位置する島からなる96の県と、海外県と呼ばれるヨーロッパ以外にある5つの県があります。県制度はフランス革命後の1790年にできたもので、当初は83ありました。領土の拡張や縮小、また人口の多い県の分割措置などから数は変遷して現在の数になりました。県の名前の多くは地理的な由来を持つものです。河川の名前によるものは実に67になり、山や山岳地帯の名によるものは13あります。海外県はフランス植民地帝国の時代からフランスと縁が深い地域で、グアドループ、マルティニーク、フランス領ギアナ、レユニオン、マヨットです。このほか8つの海外領土があり、双方を合わせてFrance d'outre-mer（海外のフランス）と呼ばれますが、かつての名称であるDOM-TOM (départements d'outre-mer et territoires d'outre-mer) もよく呼び名として使われます。

Vous voulez boire du café ?

Entrée 🔊 2-36

La culture française et sa gastronomie, sont très populaires partout dans le monde. Classée patrimoine mondial à l'UNESCO depuis 2010, la cuisine est une grande tradition française. Chaque région de France a ses produits, et souvent ses propres vins. Le terroir français est très riche !

フランス文化、そしてその美食は、世界中でとても人気があります。その料理は2010年以来ユネスコの世界遺産に認定されていて、フランスの優れた伝統です。フランスの地方それぞれに名産品があり、地のワインがあることも多いです。フランスのテロワール（風土・土壌）はとても豊かなのです。

BLOC 1 食べ物と飲み物、部分冠詞 *Aliments et boissons, article partitif*

★食べ物と飲み物　Aliments et Boissons 🔊 2-37

le pain パン　la baguette バゲット　le riz 米　　les pâtes (*f.*) パスタ　les céréales (*f.*) シリアル
la pizza ピザ　les œufs 卵 (*m.*)　le lait 牛乳　le fromage チーズ　le croissant クロワッサン

La viande et le poisson 魚肉類　　le bœuf 牛肉　le poulet 鶏肉　　le porc 豚肉　le saumon サーモン
Les fruits et légumes 野菜・果物　les tomates (*f.*) トマト　　la salade サラダ　　la banane バナナ
　　　　　　　　　　　　　　　l'orange (*f.*) オレンジ

Les boissons 飲み物　　le thé お茶　le café コーヒー　l'eau (*f.*) 水　　le vin ワイン　　la bière ビール

Les repas 食事 (*prendre*)　　　le petit déjeuner 朝食　　　le déjeuner 昼食　le dîner 夕食

■動詞　boire, prendre

boire 飲む 🔊 2-38
je bois
tu bois
il / elle / on boit
nous buvons
vous buvez
ils / elles boivent

prendre 取る 🔊 2-39
je prends
tu prends
il / elle / on prend
nous prenons
vous prenez
ils / elles prennent

prendre は「乗る」、「時間がかかる」など英語の take に似た意味の広がりを持ちます。prendre と活用が同型の動詞：apprendre（学ぶ）、comprendre（分かる）など。

🐾 prendre：食べ物、飲み物、薬について用いられるときは、「摂る」の意味。また、「食事を摂る」は、manger ではなく prendre を使います。

　✓ Aline **prend** le petit déjeuner à sept heures.　　アリーヌは7時に朝食を摂る。
　✗ Aline ~~mange~~ le petit déjeuner à sept heures.

■部分冠詞　*Articles partitifs* 🔊 2-40

数えられないものの（抽象概念を含む）若干量を表すときに使います。

🐾 英語の some とは違い、名詞の不可算的用法（単数）のみ対象。→ some fruits のような用法は不可。

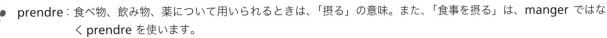

定冠詞		例	部分冠詞	否定文では（否定の de）
le	**le** poisson		Je mange **du** poisson.	Je ne mange pas de poisson.
la	**la** viande		Elle mange **de la** viande.	Elle ne mange pas de viande.
l'	**l'**eau		Ils boivent **de l'**eau (**de l'**alcool).	Ils ne boivent pas d'eau (d'alcool).

🔍 **Exercice 1.1**　以下の表を完成させましょう。 *Complétez le tableau ci-dessous.*

動詞	例	練習問題
Je mange	**du** *saumon,* **des** *sardines*	_____ bœuf, _____ escargots, _____ poulet
Tu manges	**de la** *salade*	_____ soupe, _____ confiture, _____ crème
Nous mangeons	**des** *macaronis*	_____ spaghettis, _____ légumes, _____ fraises
Ils mangent	**une** *banane,* **des** *bananes*	_____ sushis, _____ croissant, _____ croissants
Vous buvez	**du** *café*	_____ bière, _____ thé, _____ vin

Elle prend	**le** *déjeuner*	_____ dîner, _____ petit déjeuner

■冠詞の用法のまとめ

	初めて話題にする	すでに話題になった	総称的に提示
数えられるもの	不定冠詞	定冠詞 (*s., pl.*)	定冠詞 (*pl.*)
数えられないもの	部分冠詞	定冠詞 (*s., pl.*)	定冠詞 (*s.*)

Voilà **un** chat. C'est **le** chat de Léa. Elle aime **les** chats.

C'est **du** café au lait. **Le** café au lait est dans **un** grand bol. **Les** Français aiment **le** café au lait.

BLOC ② 趣味・レジャー *Loisirs*

🔊 2-41

★スポーツ、音楽、文化活動　**Activités sportives, musicales ou culturelles**

le football サッカー	le rugby ラグビー	le basket バスケットボール	le tennis テニス
le ski スキー	le judo 柔道	le karaté 空手	le jogging ジョギング
la natation 水泳	le yoga ヨガ	la danse ダンス	la randonnée ハイキング
la guitare ギター	le piano ピアノ	le violon バイオリン	la clarinette クラリネット

■動詞 faire

faire　する、作る 🔊 2-42
je fais
tu fais
il / elle / on fait
nous fa**i**sons*
vous faites
ils / elles font

⚠️ 発音例外
nous faisons
[fəzɔ̃]

趣味・レジャーに関する表現：**faire + 部分冠詞 + 名詞（否定の de）**

Je fais **du** *tennis.*　→ *Je ne fais pas* **de** *tennis.*
Elle fait **de la** *clarinette.*
　　　　　→ *Elle ne fait pas* **de** *clarinette.*

🔍 **Exercice 2.1**　趣味・レジャーをあらわす名詞の性 *Les loisirs : le genre*

1）　下線部に適切な性を答えなさい。　*Trouvez le genre grammatical.*
　　外国に由来するスポーツの文法的性は、原則として_____である。

2）　なぜだと思いますか？　*Pourquoi d'après vous ?*

💬 **Exercice 2.2**　ペアになって、一方が指さす要素で質問を作りましょう。
Par groupe de deux, élaborez des questions à l'aide d'éléments pointés par votre partenaire.

Ex：*Est-ce que + tu + fais + de la natation ? / Est-ce qu' + il + ne fait pas + de football ?*

Je		
Tu	✓	🏊
Il	✗	⚽
Elle		

Nous		
Vous	✓	🎹
Ils	✗	🎸
Elles		

Exercice 2.3　ペアになって、趣味やレジャーについて質問をしましょう。
Par groupe de deux, posez-vous des questions sur vos loisirs.

Ex :　　　　　　　　　*A : Est-ce que tu fais de la danse ?*

B : Oui, je fais de la danse. Et toi ?　　　　　*B : Non, je ne fais pas de danse. Et toi ?*

A : Oui, moi aussi.　*A : Non, pas moi.*　　*A : Moi, si,*　　　*A : Non, moi non plus*,*
　　　　　　　　　　　　　　　　　　　　je fais de la danse.　*je ne fais pas de danse.*

*否定形の動詞を用いて「〜も」という場合は、aussi ではなく non plus。

BLOC　3　動詞　devoir, pouvoir, vouloir（準助動詞）

それぞれ英語の must, can, want に似た意味の動詞です。他の動詞の不定詞と一緒に用いられるので、「準助動詞」と呼ばれることがあります。

Exercice 3.1　vouloir は、pouvoir ととても似た活用を持っています。それをヒントに活用表を完成させてください。 *Sur le modèle du verbe* pouvoir, *complétez la conjugaison de verbe* vouloir.

devoir 〜しなければならない 🔊 2-43
je d**ois**
tu d**ois**
il / elle / on d**oit**
nous devons
vous devez
ils / elles d**oi**vent

pouvoir 〜できる 🔊 2-44
je p**eu**x
tu p**eu**x
il / elle / on p**eu**t
nous pouvons
vous pouvez
ils / elles p**eu**vent

vouloir 欲する、〜したがる 🔊 2-45
je veux
tu _____
il / elle / on _____
nous voulons
vous _____
ils / elles _____

🔊 2-46

Je **dois** faire cet exercice pour demain.　明日までにこの練習問題をしなくてはなりません。（義務・必要）
Vous ne **devez** pas dormir en classe !　授業中に眠ってはいけません！（禁止）
Est-ce que je **peux** aller aux toilettes ?　トイレに行ってもいいですか。（許可）
Excusez-moi, vous **pouvez** répéter ?　すみません、繰り返してもらえますか。（依頼）
Léo **veut** aller au restaurant ce soir.　レオは、今晩レストランに行きたがっている。（願望）

vouloir + 名詞　vouloir には、不定詞ではなく名詞が続くことがよくあります。
　Tu veux un chewing-gum ?　チューインガム欲しい？（願望）

特に１人称では、語気緩和のために条件法で用いられることよくあります。（条件法 → L22, p.87）
　Je **voudrais** un café, s'il vous plaît.　すみません、コーヒーを一杯ほしいのですが。

Exercice 3.2　ペアで、食べられるもの／食べられないものについて話し合いましょう。
Par groupe de deux, discutez de ce que vous pouvez ou ne pouvez pas manger.

Ex. :　A : *Est-ce que tu peux manger du fromage / des escargots / de la viande / des œufs ?*
　　　B : *Oui, je peux manger du fromage, et toi ? / Non, je ne peux pas manger de fromage, et toi ?*
　　　A : *Moi aussi, je peux. / Moi non plus, je ne peux pas.*

Exercice 3.3　最初の下線には devoir, pouvoir, vouloir のいずれかを、次の下線には prendre, manger, faire, marcher, aller を補い、文を完成させましょう。 *Complétez les dialogues avec* devoir, pouvoir *ou* vouloir *suivi d'un des verbes suivants :* manger, faire, marcher, aller

Ex. :　A : *Est-ce que tu* _____ _____ *au cinéma ?*

　　　　B : *Non, désolée. Je* _____ _____ *pour mon examen.*

　　　　⇒　A: *Est-ce que tu peux venir au cinéma ?*

　　　　　　B: *Non, désolée. Je dois travailler pour mon examen.*

1)　A : Qu'est-ce que tu _____ _____ pendant les vacances ?

　　B : Je _____ _____ dans les montagnes.

2)　A : Est-ce que tu _____ _____ plus vite ?

　　B : Oui, nous _____ _____ un train dans 20 minutes !

3)　A : Excusez-moi, on _____ _____ des photos dans ce musée ?

　　B : Oui, vous _____ _____ des photos.

4)　A : Comme dessert, tu préfères le gâteau au chocolat ou la tarte aux kiwis ?

　　B : Je ne _____ pas _____ de kiwis : je suis allergique !

BLOC 4 　会話 *Conversation*

🔊 2-47

Antoine :　Hitomi, est-ce que tu manges du pain le matin ?

Hitomi :　Le matin ? Non, en général, je ne mange pas de pain.

Antoine :　C'est vrai ? Qu'est-ce que tu manges alors ?

Hitomi :　Chez nous, nous sommes très classiques : nous mangeons du riz avec du poisson grillé et de la soupe de miso. Et toi ?

Antoine :　En général, je mange des céréales avec du lait ou du yaourt. Après ça, je prends un café noir. Et toi, tu bois aussi du café ?

Hitomi :　Moi, non, je n'en bois pas. Je bois du thé vert.

アントワーヌ：ヒトミ、朝はパンを食べるの？

ヒトミ：　　朝？いいえ、ふだんパンは食べないわ。

アントワーヌ：本当？じゃあ、何を食べるの？

ヒトミ：　　私の家はとてもクラシックなの。焼き魚、みそ汁と一緒にご飯を食べるの。アントワーヌ、君は？

アントワーヌ：ふだんはシリアルに牛乳かヨーグルトをかけて食べるよ。それからブラックコーヒーを飲むんだ。君もコーヒーを飲むかい？

ヒトミ：　　いいえ、私は飲まないわ。緑茶を飲むの。

💬 **Exercice 4.1**　会話を聞いてシャドーイングしましょう。 *Écoutez et répétez en faisant du shadowing.*

💬 **Exercice 4.2**　ペアを組み、フランス語で Antoine の質問をそのまましてください。ただし、Hitomi を相手の名前に変えること。相手は、自分の食習慣に従ってフランス語で答えてください。 *Par groupe de deux, posez les questions en remplaçant seulement Hitomi par le nom de votre partenaire. Répondez selon vos propres habitudes alimentaires.*

🇫🇷 変わるフランスの食習慣 🇫🇷

フランスのテーブルに並ぶ料理は、地方の名物料理やそのほかの家庭料理のレシピに限られるわけではありません。実際、1970 年代以来「ヌーヴェル・キュイジーヌ」はレストランで提供される料理の量よりも質やオリジナリティをより大切にしています。他方で、アメリカ発のファストフードの利用者は年々増えており、フランス人の2 人に 1 人が 1 週間に少なくとも 1 回はファストフードで食事をしています。北アフリカのクスクスや、ベトナムとカンボジアの料理から作られ、フランスでは「ボブン」と呼ばれる料理も、日本にとってのカレーやラーメンと同じように、いまやフランス人にとって日常的となっています。ここ数年来、体によくて環境にやさしいオーガニック野菜にもフランス人の関心が高まっています。また、フランス人の 2.2％は、動物愛護団体「L214 倫理＆動物」が推奨する方針にそってヴィーガニズムを選んだと述べています。

Quelles sont les matières favorites des Français ?

Entrée 🔊 2-48

Quelles sont les matières favorites des Français à l'école ? L'histoire-géographie arrive en tête. Puis viennent le français et les mathématiques. Ils reconnaissent qu'il faut savoir bien parler, écrire et compter. Curieusement, ils n'aiment ni le sport, ni la musique, ni les arts plastiques. Pour eux, ce sont des activités à pratiquer chez eux avec les amis !

フランス人が学校で好きな教科は何でしょう？ 地理歴史が筆頭に来ます。次に、フランス語と数学が続きます。彼らは、しっかり話し、書き、計算できなければならないと認めているのです。不思議なことに、彼らはスポーツも音楽も芸術も好きではありません。彼らにとって、これらの科目は、友達と家で実践すべきものなのです！

BLOC 1 疑問形容詞 *Adjectif interrogatif*

🔊 2-49

	m.	*f.*
s.	quel	quelle
pl.	quels	quelles

🐾 英語の what などにあたります。フランス語では形容する名詞の性・数に応じて４つの形があります。発音はすべて [kɛl] です。

1) 名詞を修飾する用法

Quelle heure est-il ?　　いま何時ですか？

Quelles matières aimez-vous ?　どの教科が好きですか？

2) 属詞としての用法

Quel est votre nom ?　　あなたのお名前は？

Quelle est votre adresse ?　あなたの住所はどこですか？

3) 感嘆の表現

Quelle chance !　　なんという幸運だ！

Quel temps magnifique !　なんてすばらしい天気だ！

- 属詞：平叙文において、活用された être 動詞のすぐ後に来る名詞（名詞句）、形容詞はたいてい属詞の役割をしています。C'est une **maison**. Elle est **grande**.
- 平叙文：疑問文、命令文、感嘆文を除いた文。事実を伝えるための文で、肯定文と否定文があります。英語では、declarative sentence といいます。

🔍 **Exercice 1.1**　　疑問形容詞の正しい形を補いましょう。 *Complétez avec les adjectifs interrogatifs appropriés.*

＊動詞 connaître, savoir については、BLOC 3 を参照。

1) (　　　　　) langues sais-tu parler ?
2) (　　　　) sports aimez-vous ?
3) (　　　　) est votre adresse e-mail ?
4) (　　　　) élèves connais-tu dans ma classe ?
5) À (　　　　) heure finit-elle son travail ?
6) Dans (　　　　　) immeuble habite-t-il ?

★何曜日？ Quel jour ?

2-50

lundi	mardi	mercredi	jeudi	vendredi	samedi	dimanche
月曜日	火曜日	水曜日	木曜日	金曜日	土曜日	日曜日

 すべて男性名詞。直近の「〜曜日に」という場合は、前置詞も冠詞もなし。「〜曜日ごとに」は、「le + 曜日」となります。

Quel jour sommes-nous aujourd'hui ? — Nous sommes mercredi.
今日は何曜日ですか？ — 水曜日です。

Quels jours tu as un cours de français ? — Le mardi et le vendredi.
何曜日にフランス語の授業があるの？ — 火曜日と金曜日だよ。

cf. Nous sommes le combien ? — Nous sommes le vingt-cinq.
今日は何日ですか？ — 25日です。

★どの月？ Quel mois ?

2-51

janvier 1月	février 2月	mars 3月	avril 4月	mai 5月	juin 6月
juillet 7月	août 8月	septembre 9月	octobre 10月	novembre 11月	décembre 12月

 すべて男性名詞。「〜月に」は前置詞 en を付けます。

Au Japon, l'année universitaire commence **en** avril.
日本では大学の年度は4月に始まります。

Quelle est la date de ton anniversaire ? — Mon anniversaire? C'est **le** 15 juillet.
君の誕生日はいつ？ー私の誕生日？ 7月15日です。

★どの季節？ Quelle saison ?

2-52

le printemps 春	l'été 夏	l'automne 秋	l'hiver 冬

 すべて男性名詞。「〜に」: **au** printemps, **en** été, **en** automne, **en** hiver

connaître 知る 2-53
je connais
tu connais
il / elle / on connaît
nous connaissons
vous connaissez
ils / elles connaissent

savoir 知る 2-54
je sais
tu sais
il / elle / on sait
nous savons
vous savez
ils / elles savent

> connaître, savoir はいずれも「知る」と訳されます。しかし、「知る」の対象が異なります。原則として、connaître は「人」や「もの」、savoir は「こと」を対象としています。

■動詞 connaître

2-55

Je **connais** Léa. Elle est très gentille. 私はレアを知っています。彼女はとても親切です。
Est-ce que tu **connais** la Normandie ? — Oui, surtout la région de Rouen.
ノルマンディー地方を知っているかい？ーうん、特にルーアンの地方は知っているよ。

■動詞 savoir

Je **sais** que la France est un beau pays. 私はフランスが美しい国であることを知っています。
Mon cours finit à quatre heures dix. — Oui, je **sais**. 私が授業は4時10分に終わります。ーうん、知っているよ。

savoir は「〜できる」の意味を持つことがあります。「いまできる」ではなく、いわば身についた能力とし

てできる場合は、pouvoir ではなく savoir を用います。

Elles **savent** très bien parler l'allemand. 彼女たちはとても上手にドイツ語を話すことができる。

Est-ce que tu **sais** cuisiner ？ — Oui, bien sûr ！ 君は料理ができる？—うん、もちろん！

Exercice 3.1 connaître または savoir を活用させ、文を完成しましょう。
Complétez avec « connaître » ou « savoir ».

1) (　　　　　　)-tu cette personne ？ — Oui, bien sûr, c'est mon professeur de français.
2) (　　　　　　)-vous comment aller à la gare ？ — Non, désolé(e). Je ne (　　　　　) pas.
3) Est-ce que, Élise (　　　　) Marseille ？ — Oui, elle (　　　　) bien cette ville : ses parents habitent là-bas.
4) (　　　　　)-tu conduire ？ — Non, mais mon frère (　　　　) bien conduire.

＊ conduire 目的語なしで「車を運転する」

BLOC 4 指示形容詞 *Adjectif démonstratif* 🔊 2-56

	m.	*f.*
s.	ce (cet)	cette
pl.	ces	

ce garçon, **ce** professeur
cette fille, **cette** étudiante
ces étudiants, **ces** étudiantes

🐾 母音または無音の h で始まる男性単数名詞には cet を用い、リエゾンをします。
cet étudiant, cet arbre, cet homme

Exercice 4.1 指示形容詞を用いて「この〜」という表現を作りましょう。
Complétez avec l'adjectif démonstratif approprié.

1) (　) matin   2) (　) midi   3) (　) après-midi
4) (　) soir   5) (　) nuit   6) (　) jour
7) (　) semaine   8) (　) mois   9) (　) année

BLOC 5 高校生マクシムの時間割 *Emploi du temps de Maxime au lycée*

Exercice 5.1 マクシムのスケジュールに関する音声を聞き、正しいか正しくないか、あるいは分からないかをチェックしましょう。（**L.7 BLOC 3** の語彙を参照） 🔊 2-57
Écoutez et répondez par vrai, faux ou « on ne sait pas ».

1) ☐ Vrai / ☐ Faux / ☐ On ne sait pas
2) ☐ Vrai / ☐ Faux / ☐ On ne sait pas
3) ☐ Vrai / ☐ Faux / ☐ On ne sait pas
4) ☐ Vrai / ☐ Faux / ☐ On ne sait pas
5) ☐ Vrai / ☐ Faux / ☐ On ne sait pas

Exercice 5.2 マクシムのスケジュールに関する音声を聞き、以下の質問に答えましょう。 🔊 2-58
Écoutez et répondez aux questions.

1) Maxime a quels cours le lundi matin ？
2) Il a quel cours le jeudi à neuf heures ？
3) Est-ce qu'il a un cours de chimie le jeudi ？
4) Où est-ce qu'il déjeune le mercredi ？
5) Qu'est-ce qu'il fait le dimanche ？

ペアで、これまで学んだ教科名を用いて会話をしてみましょう。
Par groupe de deux, parlez de votre emploi du temps à l'université

Ex. 1 : A : *Quel(s) jour(s) as-tu un cours de français ?*
　　　　 B : *J'ai un cours de français le lundi et le jeudi.*

Ex. 2 : A : *Est-ce que tu connais mon professeur d'économie politique ?*
　　　　 B : *Oui, bien sûr. Il a aussi un cours le vendredi, n'est-ce pas ?*

BLOC **6** 会話 *Conversation*

🔊 2-59

Maxime :	Quelle langue vous choisissez comme LV2* ?
Léa :	Moi, c'est l'anglais. J'aime les chansons anglaises et américaines. Et toi ?
Mehdi :	Moi, c'est l'allemand. Selon mes parents, c'est une langue intéressante.
Léa :	L'allemand, c'est difficile. Il faut apprendre beaucoup de choses. Et toi, Maxime ?
Maxime :	Moi, je veux apprendre le japonais.
Mehdi :	Cool ! C'est pour pouvoir lire des mangas en japonais ?

LV2 : langue vivante 2. 現用語 2、つまり第 2 外国語です。

マキシム：	第二外国語にどんな言語を選ぶの？
レア：	私は英語よ。イギリスとアメリカの歌が好きなの。君は、メディ？
メディ：	ぼくはドイツ語さ。両親が言うには、興味深い言語だって。
レア：	ドイツ語は難しいわ。たくさんのことを勉強しないと。君は、マキシム？
マキシム：	ぼくは日本語を学びたいんだ。
メディ：	かっこいいね！日本語でマンガが読めるようになるためなのかな？

🇫🇷 フランスの教育 🇫🇷

　2019 年からフランスの義務教育は 3 歳から 16 歳となり、さらに 18 歳までは職業養成を含めた何らかの教育が義務となりました。幼稚園 (école maternelle) と小学校 (école) が初等教育 (enseignement primaire)、コレージュ (collège) とリセ (lycée) が中等教育 (enseignement secondaire)、大学 (université) とグランドゼコール (grandes écoles) が高等教育 (enseignement supérieur) と分類されています。日本よりも公立学校が多く、中等教育では生徒の約 79%、高等教育では学生の 73% が公立の学校で学びます。定員枠を決めた大学入試はなく、大学入学資格試験 (baccalauréat) に合格すれば入学が可能となります。近年では約 55% が女子学生です。国立大学では若干の登録料はありますが、授業料はありません。厳しい入試があるグランドゼコールには、一部、5 年ないし 10 年の公務に就くことを条件に、月額 900 ユーロから 3000 ユーロ近くの「給料」を支給する学校もあります。

On y va comment ?

Entrée 🔊 2-60

Chaque année, beaucoup d'étudiants étrangers viennent étudier au Japon. Ils arrivent généralement en septembre mais les étudiants qui étudient au Japon commencent en avril. Dans votre université, les étudiants que vous connaissez ne sont peut-être pas tous japonais. Il y a bien sûr des Chinois ou des Coréens, mais aussi des Américains ou des Européens.

毎年多くの外国人学生が勉強に日本にやってきます。彼らは通常は9月に到着するのですが、日本で勉強する学生は4月に始めます。あなたの大学では、あなたが知っている学生はおそらくみんなが日本人というわけではありません。もちろん中国人や韓国人もいるでしょうし、アメリカ人やヨーロッパの人もいます。

BLOC 1 動詞 aller と venir *Verbes* aller *et* venir

💬 **Exercice 1.1** ①会話を聞いて ②場面1か場面2か言いましょう。 *Écoutez les dialogues et dites si les expressions ci-dessous concernent la situation 1 ou la situation 2.* 🔊 2-61

Situation 1
Où vas-tu ? À l'université ?
— Non, je ne vais pas à l'université.
Je vais au supermarché.

Situation 2
D'où viens-tu ?
— Je viens de France.

■動詞 aller と venir

aller 行く 🔊 2-62
je vais
tu vas
il / elle / on va
nous allons
vous allez
ils / elles vont

venir 来る 🔊 2-63
je viens
tu viens
il / elle / on vient
nous venons
vous venez
ils / elles viennent

*devenir（～になる）, revenir（戻る）

★移動手段 Moyens de transport 🔊 2-64

Je vais à l'hôpital ...

 à vélo 自転車で

 à scooter スクーターで

 à cheval 馬で

 à pied 歩いて

 en bus バスで

 en bateau 船で

 en voiture 車で

 en train 電車で

 en taxi タクシーで

 en avion 飛行機で

・à... は主に上に乗っている場合、en... は主に中に乗っている場合に用います。
・現在では à vélo, à scooter を en vélo, en scooter とも言います。

43

★国名と国名の前の前置詞　**Noms de pays et prépositions**

🔊 2-65

原則として、国名にも文法的な性があり、定冠詞とともに用います。（ ）は、「～の、～語」です。

la France (français)	l'Angleterre (anglais)	l'Allemagne (allemand)
l'Espagne (espagnol)	l'Italie (italien)	la Chine (chinois)
la Corée (coréen)	l'Inde (indien)	l'Australie (australien)
le Japon (japonais)	le Canada (canadien)	le Mexique (mexicain)
le Brésil (brésilien)	l'Irak, l'Iraq (irakien)	l'Ouganda (ougandais)
les États-Unis (américain)		les Philippines (philippin)

「～の国へ」、「～の国で」

女性名詞の国名：en ＋ 無冠詞の国名　　　　　　en France, en Espagne

男性名詞の国名：au（← à ＋ le）＋ 国名　　　au Japon, au Canada

　　＊ ただし、定冠詞が l' となる国名は en ＋ 無冠詞の国名　　en Irak

複数名詞の国名：aux（← à ＋ les）＋ 国名　　aux États-Unis

「～の国から」、「～の国の」

女性名詞の国名：de (d') ＋ 無冠詞の国名　　　de France, d'Espagne

男性名詞の国名：du（← de ＋ le）＋ 国名　　du Japon, du Canada

　　＊ ただし、定冠詞が l' となる国名は d' ＋ 無冠詞の国名　　d'Irak

複数名詞の国名：des（← de ＋ les）＋ 国名　　des Philippines

💬 **Exercice 1.2**　ペアになり、上の表の国のリストを使って会話しましょう。
Par groupe de deux, faites des dialogues avec des noms de pays.

Ex. 1 : Elle va en France ?　— Non, elle va en Espagne.

Ex. 2 : Vous venez des États-Unis ?　— Non, nous venons du Canada.

■中性代名詞　**y** ①　*Pronom neutre y* ①

🔊 2-66

à... で表される場所の表現に代わり、名詞の性数に関係なく代名詞 « y » が使われます。

Tu vas à l'école comment ?　— J'**y** vais en bus.

■ PRONONCIATION　発音
j'y　　　（エリジオンに注意）
tu y　　（エリジオンはないことに注意）
il / elle‿y（アンシェヌマンに注意）
on‿y, nous‿y, vous‿y, ils / elles‿y（リエゾンに注意）

💬 **Exercice 1.3**　移動手段の語彙を使った会話練習をしましょう。
Production orale avec le vocabulaire des moyens de transport

la gare	1) le musée	2) la mairie	3) la poste	4) le parc d'attractions	5) la France

Ex. : *Tu vas à la gare à pied ? — Oui, j'y vais à pied.*

1)　Vous... — Oui, je...

2)　Elle... — Non, elle...

3)　On... — Non, on...

4)　Vous... — Oui, nous...

5)　Ils... — Oui, ils...

💬 Exercice 1.4　音声を聞いて空欄を埋めましょう。　*Écoutez et complétez les phrases.* 🔊 2-67

Yuri : Thierry, tu viens (　　　　　) ?

Thierry : Je (　　　　) de France. Et toi ?

Yuri : Moi, je viens (　　　　) (　　　　). Je suis (　　　　).

Thierry : Osaka ! Tu vas de temps en temps (　　　　) d'okonomiyaki ?

Yuri : Oui, (　　　　) vais souvent. Au moins, deux fois par semaine.

Thierry : Ce soir, (　　　　) au restaurant d'okonomiyaki ?

Yuri : Bonne idée ! Il y a un bon restaurant d'okonomiyaki à Shibuya. (　　　　) va comment ?

Thierry : J'y vais (　　　　). Et toi ?

Yuri : Moi, j'habite à côté de Shibuya. J'y vais (　　　　).

BLOC ② 動詞 -re　*Verbes en -re*

descendre 降りる 🔊 2-68
je descends
tu descends
il / elle / on descend
nous descendons
vous descendez
ils / elles descendent

*attendre(待つ), entendre(聞こえる), rendre (戻す), vendre (売る)

conduire 運転する 🔊 2-69
je conduis
tu conduis
il / elle / on conduit
nous conduisons
vous conduisez
ils / elles conduisent

*produire (生産する), construire (建設する)

croire 信じる 🔊 2-70
je crois
tu crois
il / elle / on croit
nous croyons
vous croyez
ils / elles croient

dire 言う 🔊 2-71
je dis
tu dis
il / elle / on dit
nous disons
vous dites
ils / elles disent

*prédire (予言する)

lire 読む 🔊 2-72
je lis
tu lis
il / elle / on lit
nous lisons
vous lisez
ils / elles lisent

écrire 書く 🔊 2-73
j' écris
tu écris
il / elle / on écrit
nous écrivons
vous écrivez
ils / elles écrivent

🔍 Exercice 2.1　次の動詞を使って空欄を埋めましょう。
Complétez avec attendre, conduire, croire, dire, écrire *et* lire

1) J' (　　　　　　). [écrire]
2) Tu (　　　　　　) un bus à Shinjuku. [attendre]
3) Elle (　　　　　　) une voiture. [conduire]
4) Nous (　　　　　　) aux promesses de son mari. [croire]
5) Vous (　　　　　　) la vérité. [dire]
6) Ils (　　　　　　) une lettre de leur mère. [lire]

BLOC ③ 近接未来と近接過去　*Futur proche et passé récent* 2-74

■近接未来と近接過去の作り方

近接未来は「これから〜する」、「〜しようとする」といった確実な未来を示し、時間的に近いかどうかは関係しません。近接過去は、「〜したところだ」をあらわします。

近接未来：**aller** + 不定詞　　　Je **vais partir** bientôt. じきに出発します。
近接過去：**venir** + **de** + 不定詞　　Il **vient de partir**. 彼は出発したところだ。
　　Thierry **va rentrer** bientôt. ティエリーはもうすぐ帰宅します。
　　Yuri **vient d'arriver** du Japon. ユリは日本から到着したところだ。

 aller + 不定詞は、「〜しに行く」を意味することもあります。「〜しに行く」なのか近接未来なのかは、文脈で判断します。

 Exercice 3.1　友達が指示する主語を用いて次の文を書き直しましょう。
Réécrivez les phrases avec les sujets indiqués par votre voisin(e).

Ex. : « *Je vais téléphoner à mes parents* ».
A : *Paul et Virginie.*　　B : « *Paul et Virginie vont téléphoner à leurs parents.* »
1)　Je viens de finir mon devoir.
2)　Je vais prendre un avion avec mes amis.
3)　Je viens d'arriver à la gare d'Ueno avec ma mère.

BLOC 4 会話 *Conversation*

2-75

Yoshi : Qu'est-ce que tu fais cet après-midi ?
Betty : Je vais chez ma grand-mère avec mon petit frère et nous allons faire des macarons avec elle. Mon petit frère et moi venons de passer au supermarché pour acheter les ingrédients nécessaires.
Yoshi : Ton frère vient de finir son stage dans un atelier de pâtisserie, n'est-ce pas ?
Betty : Oui, il vient d'obtenir un brevet de pâtissier. À partir de septembre prochain, il va travailler dans un restaurant à Paris.
Yoshi : À Paris ! Quand est-ce qu'il part ?
Betty : Il va à Paris fin août. Il va me manquer ! Je vais lui écrire tous les deux jours.

ヨシ：　今日の午後、何をするの？
ベティ：弟と一緒におばあちゃんの家に行って、おばあちゃんとマカロンを作るの。必要な材料を買うために、弟と私はスーパーマーケットに行ってきたところよ。
ヨシ：　弟さんは菓子職人工房で研修を終えたばかりではなかったかな。
ベティ：ええ、菓子職人の免状を取得したばかりよ。次の9月からパリのレストランで働くの。
ヨシ：　パリだって！いつ出発するの？
ベティ：8月終わりにパリに行くことになっているの。寂しくなるわ！2日に1回手紙を書こうっと。

Exercice 4.1　会話を聞いてシャドーイングしましょう。　*Écoutez et répétez en faisant du shadowing.*

🇫🇷 フランスで学ぶ外国人留学生 🇫🇷

フランスで学ぶ外国人はかねてから数多くいました。ノーベル賞を2回受賞したことで知られるマリー・キュリーは24歳のときに故郷ポーランドのワルシャワを離れてパリで学びました。ドイツに生まれ、ヒットラー政権を逃れてパリに亡命したジゼル・フロイントは社会学と美術史を学ぶ学生でしたが、ソルボンヌ大学に写真史の博士論文を提出し、のちに女性写真家として活躍するようになります。現在もフランスでは多くの国籍の学生が学んでいます。留学生の受入機関であるキャンパス・フランス（Campus France）の調査では、2019年度の外国人留学生の半数はアフリカと中近東からの学生で、4分の1がヨーロッパからの学生、残りの4分の1がアジアやアメリカからの学生でした。この年にフランスの外国人留学生の受入数は世界第6位でした。留学生の3分の2は大学で学んでいますが、フランスのビジネススクールも人気で、2014年度から2019年度の間に留学生の数は倍増しました。

Tournez au feu à gauche !

Entrée 2-76

Les rues de France, petites ou grandes, ont toujours un nom. Depuis le Moyen-Âge, les rues ont, par exemple, le nom de bâtiments importants ou le nom de personnages célèbres de l'époque. C'est pourquoi les noms de rue les plus fréquents sont encore aujourd'hui : « Rue de l'Église », « Rue du Château », « Rue Pasteur » ou « Rue Victor-Hugo », etc.

フランスの通りは大小関わらず必ず名前があります。中世以来、通りは大切な建物の名前や、その当時よく知られている人の名前を名乗ることが多いです。そのため、今日でももっとも多い道の名前は「教会通り」、「城通り」、「パストゥール通り」あるいは「ヴィクトル・ユゴー通り」などです。

BLOC 1 　動詞　partir, sortir, voir、疑問代名詞 qui と que
Les verbes partir, sortir *et* voir, *les pronoms interrogatifs* qui *et* que

■動詞　partir, sortir, voir

partir 出発する 🔊 2-77
je pars
tu pars
il / elle / on part
nous partons
vous partez
ils / elles partent

sortir 出る 🔊 2-78
je sors
tu sors
il / elle / on sort
nous sortons
vous sortez
ils / elles sortent

voir 見る 🔊 2-79
je vois
tu vois
il / elle / on voit
nous voyons
vous voyez
ils / elles voient

🔊 2-80

Avec qui **pars**-tu ? 君は誰と一緒に出かけるの？
Il **sort** de la salle pour téléphoner. 彼は電話をかけに部屋を出る。
D'ici, on **voit** bien le Mont-Blanc. ここからモンブランがよく見える。

BLOC 2 　疑問代名詞 *Pronoms interrogatifs*
🔊 2-81

	主語	直接目的補語、属詞	間接目的補語・状況補語
人	Qui	Qui（倒置）	前置詞 + qui
	Qui est-ce qui	Qui est-ce que	前置詞 + qui est-ce que
もの・こと	--	Que（倒置）	前置詞 + quoi
	Qu'est-ce qui	Qu'est-ce que	前置詞 + quoi est-ce que

🐾　・qui, que を単純形、qui est-ce que, qu'est-ce que を複合形と呼びます。
　　・que のあとに母音字または無音の h ではじまる語がくるとエリズィオンを起こし、qu' となります。

■人についてたずねる疑問代名詞

Qui part à 8 heures ? / **Qui est-ce qui** part à 8 heures ? 誰が 8 時に出発しますか？（主語）

Qui aime-t-il ? / **Qui est-ce qu'**il aime ? 彼は誰が好きなのですか？（直接目的補語）

Qui êtes-vous ? / **Qui est-ce que** vous êtes ? あなたはどなたですか？（属詞）

À qui penses-tu ? 誰のことを考えているのかい？（間接目的補語）

Avec qui est-ce que tu parles ? 君は誰と話しているのかい？（状況補語）

47

■もの・ことについてたずねる疑問代名詞

Qu'est-ce qui se passe ? 何が起きているのだろう？（主語）

Qu'est-ce qui ne va pas ? どこが悪いのですか？（主語）

Que faites-vous ? / **Qu'est-ce que** vous faites ? 何をしているのですか？（直接目的補語）

Que devient Vincent ? ヴァンサンはどうしているのだろう？（属詞）

Qu'est-ce que c'est ? これはなんですか？（属詞）

À quoi penses-tu ? 何を考えているの？（間接目的補語）

Avec quoi mange-t-on ce plat ? この料理は何を使って食べるのですか？（状況補語）

Exercice 2.1
次の（　　）に適当な疑問代名詞をおぎないなさい。
Complétez les phrases avec les pronoms interrogatifs appropriés.

1) (　　　　) tu veux voir ? 君は誰に会いたいのかい？

2) (　　　　) connaissez-vous parmi ces étudiants ? これらの学生のうちで誰を知っていますか？

3) (　　　　) voudrait voir un film de science-fiction ? 誰が SF 映画を観たいですか？

4) Sur (　　　　) vous n'êtes pas d'accord ? 何についてあなたたちは同意できないのですか？

5) Avec (　　　　) sortez-vous ce soir ? 今晩誰と一緒に出かけるのですか？

6) (　　　　) la rend brillante ? 彼女はどの点で優れているのですか？

BLOC 3 命令法 *Mode impératif*
🔊 2-82

■命令法の活用　*Conjugaison du mode impératif*

動詞は主語代名詞なしで用いられ、3 つの形があります。

直説法		命令法
Tu prends le train.	→	**Prends** le train !
Nous prenons le train.	→	**Prenons*** le train !
Vous prenez le train.	→	**Prenez** le train !

否定命令文でも動詞の形は変わらないことに注意しましょう。

Tu **ne** prends **pas** le train.　→　**Ne** prends **pas** le train !

> *Prenons le train ! は口語表現では、On prend le train ! のような構文をより自然に用います。

語尾が -er の第一群動詞と動詞 aller、offrir、ouvrir では、2 人称単数で語尾の s がないことに注意しましょう。ただし、動詞の直後に代名詞がある場合は s があり、リエゾンをします。

Tu vas à la gare.	→	Va à la gare ! 駅に行け！
Tu y vas.	→	Va**s-y** !（そこに）行け！
Tu manges de la salade.	→	Mange de la salade ! サラダを食べろ！
Tu en manges.	→	Mange**s-en** !（第 17 課参照）（それを）食べろ！

🔊 2-83

例外的な命令法の形を持つ 3 つの動詞

	avoir	être	savoir
(tu)	aie	sois	sache
(nous)	ayons	soyons	sachons
(vous)	ayez	soyez	sachez

Exercice 3.1

2 人称単数が聞こえたら tu を、2 人称複数が聞こえたら vous を〇で囲みましょう。隣の人と答え合わせをしましょう。
🔊 2-84
Entourez tu si vous entendez la 2ᵉ personne du singulier, vous si vous entendez la 2ᵉ personne du pluriel. Comparez ensuite vos réponses avec celles de votre voisin.

1) tu / vous　　　　4) tu / vous

2) tu / vous　　　　5) tu / vous

3) tu / vous　　　　6) tu / vous

Exercice 3.2 次の文を命令法にしましょう。 *Mettez les phrases suivantes à l'impératif.*

1) Vous allez à la banque cet après-midi.
2) Vous ne buvez pas d'alcool avant de conduire.
3) Tu vas voir ce film avec tes amis.
4) Tu es gentil avec ta petite sœur.
5) Vous avez votre livre pour la prochaine classe.
6) Tu sais ta leçon parfaitement pour l'examen.
7) Tu ne manges pas de bonbons avant le dîner.

■命令法の用法 *Les emplois du mode impératif*

フランス語の命令法が日本語の「命令形」と訳すことができる場合は多くはありません。命令よりは、提案や助言、説明を与えるためによく用いられます。決まり文句の一部になっている「Excusez-moi !（すみません）」などがあります。

★店舗・公共施設 Les commerces et les services

2-85

le cinéma 映画館	le restaurant レストラン	l'hôtel (*m.*) ホテル	la banque 銀行
le musée 美術館・博物館	la boulangerie パン屋		
l'école (*f.*) 学校	le collège 中学校	le lycée 高校	la boucherie 肉屋
la piscine プール	la poste 郵便局		
le café カフェ	la pharmacie 薬局	la mairie 役場	
le supermarché スーパーマーケット		la supérette （小さい）スーパー	

★移動を表す動詞と道順 Les verbes de déplacement et les directions

2-86

tourner (aller) 曲がる（行く）   à gauche / à droite / après le feu 左に／右に／信号を
continuer (aller) そのまま行く   tout droit / jusqu'à... / jusqu'au bout まっすぐ／…まで／つきあたりまで
traverser (prendre) 渡る（進む）   la rue / le pont / le carrefour 道を／橋を／交差点を
prendre 進む   la 1ʳᵉ, la 2ᵉ, la 3ᵉ... rue à gauche / à droite 1番目、2番目、3番目…の道を左に／右に
passer 通る   devant / derrière 前を／後ろを

Exercice 3.3 道順を聞きましょう。隣の人と同じ場所に到着しているでしょうか？ *Écoutez les directions. Arrivez-vous au même endroit que votre voisin ?*

2-87

1) _____ 2) _____ 3) _____ 4) _____

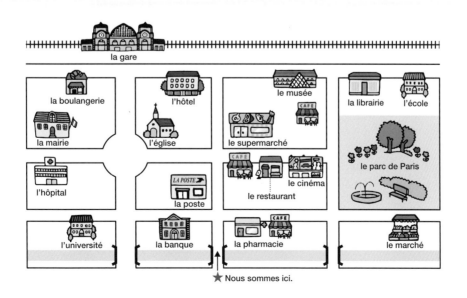

★ Nous sommes ici.

 **Exercice 3.4**

大学の正門に居ます。キャンパスのどこかで待っている隣の人が、電話で道順を教えます。隣の人と同じ場所に到着しているでしょうか？

Vous êtes à l'entrée principale de votre campus. Écoutez les directions données au téléphone par votre voisin qui vous attend dans un des bâtiments. Arrivez-vous au même endroit que lui ?

Ex. : *Je suis devant le bâtiment 10. Et toi, tu es là aussi ?*

BLOC 4 会話 *Conversation* 2-88

À la gare.

Un touriste :	Pardon Madame, bonjour. Je cherche la pharmacie. Vous savez où elle est ?
Une habitante :	Bonjour. La pharmacie ? Oh, c'est facile.
	Prenez la rue en face de vous et continuez jusqu'à la place.
	Ensuite, vous traversez la place.
	Vous tournez dans la première rue à gauche et puis vous continuez un peu.
	C'est juste à droite, à côté du café.
	C'est au bout de la rue.
Un touriste :	D'accord, merci. Bonne journée !
Une habitante :	Je vous en prie. Au revoir !

旅行者： すみません、マダム、こんにちは。薬局を探しているんです。どこだかご存じないですか？
住民： こんにちは。薬局ですか？あら、それなら簡単ですよ。正面の道を広場まで行ってください。それから広場を横切ってください。一番目の道を左に曲がり少し行ってください。右の、カフェのそばにあります。
旅行者： 分かりました。ありがとうございます。良い一日を！
住民： どういたしまして。さようなら！

 **Exercice 4.1**

①会話を聞いて地図（Exercice 3.3）の上にある道順を指でたどりましょう。②シャドーイングで会話を繰り返しましょう。 *Écoutez une première fois le dialogue en suivant du doigt l'itinéraire indiqué sur la carte. Répétez ensuite le dialogue en faisant du shadowing.*

 **Exercice 4.2**

旅行者の行き先を変えて別の会話をしましょう。スーパーマーケット、レストラン、等々。 *Rejouez le dialogue en changeant la destination du touriste : le supermarché, le restaurant, etc.*

🇫🇷 パリの区の歴史 🇫🇷

パリに行政区ができたのは 1795 年のことでした。当時はセーヌ川右岸に 9 区、左岸に 3 区しかなく、番号も西から東へと打たれていました。パリ大改造（1853 年 − 1870 年）に着手していたセーヌ県の知事、オスマン男爵は、それを 20 区に増やし、1859 年に市の中心のルーヴル宮殿から出発して時計回りのらせん状に番号を振りました。以前の方式では 13 区が富裕層の居住地域に当たってしまい、12 区体制時代の表現「13 区の区役所で結婚する」（＝内縁関係を結ぶ）のために強い反発が出たため、13 区が富裕層の地区に重ならないらせん方式になったと伝えられています。結果、区の並び方がカタツムリに似ることになり、よく「エスカルゴ」に喩えられます。

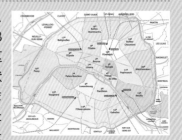

Connaître les autres et se connaître.

Entrée 3-01

Quels sont les moyens pour savoir comment s'habillent, mangent, travaillent ou s'amusent les Français ? Les reportages et les études sociologiques sont très utiles pour cela. Les romans ou le cinéma aussi. Ils montrent souvent comment les gens se rencontrent, s'aiment et, parfois, se séparent. Il y a souvent des éléments proches de la réalité dans les fictions.

フランス人の服装、食事、仕事、遊びなどを知るためにどのような手段があるでしょうか。そのためには、ルポルタージュや社会学的な研究が非常に有効です。小説や映画も有効です。人びとが出会い、愛し合い、時には別れていくのをしばしば描いています。フィクションはのなかに現実に近い要素が含まれていることはよくあることです。

BLOC 1 代名動詞 *Verbes pronominaux*

代名動詞とは主語と同じ人称・数の目的補語人称代名詞（再帰代名詞）をともなう動詞です。

★よく使う代名動詞
3-02

se réveiller 目が覚める	se lever 起きる	se coucher 寝る
s'habiller 着る	se brosser les dents 歯を磨く	se maquiller 化粧をする
se raser ひげを剃る	se promener 散歩をする	se reposer 休憩する
se laver（自分を）洗う、風呂に入る	s'appeler 〜という名前である	se tromper 間違える
se marier 結婚する	s'amuser 楽しむ	

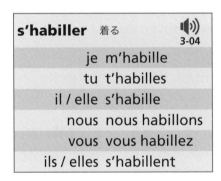

se lever 起きる 3-03

je	me lève
tu	te lèves
il / elle	se lève
nous	nous levons
vous	vous levez
ils / elles	se lèvent

s'habiller 着る 3-04

je	m'habille
tu	t'habilles
il / elle	s'habille
nous	nous habillons
vous	vous habillez
ils / elles	s'habillent

me, te, se は母音字または無音の h で始まる語の前では、m', t', s' となります。

Exercice 1.1 次の代名動詞を活用させましょう。 *Conjuguez les verbes suivants.*

1) se réveiller   2) se coucher   3) se promener   4) s'appeler

■代名動詞の否定形 *Forme négative des verbes pronominaux*
3-05

再帰代名詞と動詞を ne...pas で挟む。

ne + 再帰代名詞 + 動詞 + **pas** → je **ne** me lève **pas**

Exercice 1.2 se lever, s'appeler を否定形にして各人称で活用させましょう。
Faites des phrases négatives en conjuguant les verbes se lever et s'appeler à toutes les personnes.

■代名動詞の疑問形（倒置疑問） *Forme interrogative des verbes pronominaux*

再帰代名詞 + 動詞 − 主語人称代名詞 → **te** lèves-**tu** ?

Exercice 1.3   se lever, s'appeler を疑問形にして各人称で活用させましょう。
Faites des phrases interrogatives en conjuguant les verbes se lever *et* s'appeler *à toutes les personnes.*

■代名動詞の命令法   *Mode impératif des verbes pronominaux*

1）肯定命令：動詞（命令法）**-toi, nous, vous**   →   Lève-**toi**！ Levons-**nous**！ Levez-**vous**！

Exercice 1.4   se lever, s'appeler を肯定の命令法にして tu, nous, vous の人称で活用させましょう。 *Faites des phrases impératives affirmatives en conjuguant les verbes* se lever *et* s'appeler *avec les sujets :* tu, nous *et* vous.

2）否定命令：ne + 再帰代名詞 + 動詞（命令法）+ pas   →   Ne te lève pas！

Exercice 1.5   se lever, s'appeler を否定の命令法にして tu, nous, vous の人称で活用させましょう。 *Faites des phrases impératives négatives en conjuguant les verbes* se lever *et* s'appeler *avec les sujets :* tu, nous *et* vous.

BLOC ② 代名動詞の用法   *Emplois des verbes pronominaux*   🔊 3-06

■再帰的用法   *Emploi réfléchi*

動詞の作用が主語自身に帰ってくる。

再帰代名詞が直接目的

Je **m'appelle** Léa Demange. 私はレア・ドゥマンジュといいます。
Je vais **me marier** l'été prochain*. 私は次の夏結婚します。

＊不定詞の再帰代名詞は
主語の人称に一致します。

再帰代名詞が間接目的

Je **me dis** qu'il est temps de rentrer. 帰る時間だと自分自身に言う。
Elle **s'est cassé** la jambe au ski. 彼女はスキーで脚を折った。

Exercice 2.1   Alice の 1 日です。音声を聞き、下線部を補いましょう。 🔊 3-07
C'est une journée dans la vie d'Alice. Écoutez et complétez les phrases.

1) Alice (   ) à (   ).
2) Elle reste quelques minutes au lit, et elle (   ).
3) Elle (   ) et prend son petit déjeuner vers (   ).
4) Elle (   ) et (   ) avant de partir pour l'université.

Exercice 2.2   ペアで代名動詞を使った質問をしましょう。
Par groupe de deux, posez-vous des questions.

Ex. 1 :   A : *Tu te réveilles à quelle heure ?*   B : *Je me réveille vers 7 heures.*
Ex. 2 :   A : *Tu te brosses les dents avant de prendre le petit déjeuner ?*
         B : *Non, je me brosse les dents après le petit déjeuner.*
Ex. 3 :   A : *Tu te promènes cet après-midi ?*
         B : *Non, je ne me promène pas cet après-midi. J'ai des cours.*

■相互的用法　*Emploi réciproque*

🔊 3-08

複数の主体が相手に対して同じ行為をする。

On **se voit** quand ?（直接目的）（私たちは）いつ会う？

Pierre et Jean **se ressemblent** beaucoup.
（間接目的）

ピエールとジャンはとてもよく似ている。

> on は、主語として使う不定代名詞です。文脈により、「私たちは」、「彼らは」、「人は」の意味を持ちます。ここでの意味は、「私たちは」。ただし、文法的にはつねに 3 人称単数扱いです。

🔍 Exercice 2.3　音声を聞き、以下の文を完成させましょう。　*Écoutez et complétez.*

🔊 3-09

Alice et Léo (　　　　　) depuis longtemps. Ils (　　　　　) beaucoup. Ils ne (　　　　　) jamais à l'université. Mais ils (　　　　　) souvent. Ils (　　　　　) parfois des cadeaux. Est-ce qu'ils (　　　　　) aussi de temps en temps ? Oui, bien sûr ! Ils (　　　　　) tous les mercredis au café Dame Tartine dans le quartier de Beaubourg. Je trouve qu'Alice et Léo (　　　　　) beaucoup.

■受動的用法　*Emploi passif*

🔊 3-10

受動的な意味を表す。再帰代名詞は直接目的あつかい。

> T.H.É.Â.T.R.E, ça **se prononce** comment ?

THÉÂTRE はどのように発音するの？
[te.ɑtʁ] と発音するんだ。

> Ça **se prononce** [te.ɑtʁ].

> « がんばって » **se dit** comment en français ?

フランス語で「がんばって」てなんて言うの？
Bon courage ！っていうのさ。

> Ça **se dit** : « Bon courage ! »

> Ce livre **se lit** facilement ?

この本は簡単に読める？
うん。この本は特に心地よく読めるよ。

> Oui, il **se lit** surtout très agréablement.

> Je porte cette veste depuis des années.

このジャケットは何年も前から着ているんだ。
そうなの？ まったくそうは見えないよ。

> Ah bon ? Ça ne **se voit** pas du tout !

🔍 Exercice 2.4　上の例にならってペアで質問をしましょう。
Par groupe de deux, posez-vous des questions.

■特殊な代名動詞　*Cas particuliers*

🔊 3-11

再帰代名詞が直接目的か、間接目的か分析できないもの、元となった他動詞から意味が類推できないもの、代名動詞としてしか用いないものを本質的用法と呼びます。再帰代名詞は直接目的あつかいです。

Tu ne **te souviens** plus de moi ? もうぼくのことを覚えていないの？

Vous **vous moquez** d'eux. あなたは彼らのことをばかにしている。

Il est déjà onze heures. On doit **s'en aller**. もう 11 時だ。行かなければ。

Il est très heureux parce qu'il va se marier. — Oui, je **m'en doute** !*

彼は近く結婚するので、とても幸せです。－ええ、そうでしょうとも！

 他動詞 douter は、「～ではないと疑う」という意味。s'en douter は、「～だろうと思う」という、ほぼ逆の意味になっています。

BLOC ③ 人称代名詞の強勢形 *Pronoms toniques*

3-12

je	tu	il / elle	nous	vous	ils / elles
moi	**toi**	**lui / elle**	**nous**	**vous**	**eux /elles**

■用法 *Emploi*

1）同格として用い、主語、目的補語などを強調

Moi, j'aime faire du sport, mais **toi**, tu préfères te reposer.
私、私はスポーツをするのが好きだが、君といえばくつろぐ方が好きだ。

Nous l'aimons beaucoup, **lui**. 私たちは彼、彼のことがとても好きだ。

2）前置詞の後で

Je vais me marier avec **elle**. 私は彼女と結婚するつもりだ。

Qu'est-ce que je vais devenir sans **toi** ? 君なしで私どうなってしまうのだろう？

3）属詞として c'est, ce sont の後で

Ce n'est pas **moi**. Ce sont **eux** qui se trompent ！ 私じゃない。間違えているのは彼らだ！

4）比較の que、制限の ne...que の後で

Maryam est plus sympathique qu'**elle**. マリアムは彼女よりも感じがよい。

Tu vois ? Elle ne regarde que **lui**. 見た？　彼女は彼のことしか見ていない。

BLOC ④ 会話 *Conversation*

3-13

Aya :　Demain, je pars tôt. Je dois me lever à 6 heures du matin.

Inès :　D'habitude, à quelle heure te lèves-tu ?

Aya :　Moi, je me réveille à 7 heures chaque matin.

Inès :　Moi, je ne me lève pas à 7 heures. Je dors jusqu'à 9 heures et demie.

Kenzo : C'est tard ! À quelle heure vous couchez-vous ?

Inès :　Vers 2 heures du matin.

Kenzo : Couchez-vous au moins avant minuit et levez-vous à 8 heures pour bien commencer la journée !

アヤ：　　明日、早く出るの。朝6時に起きなくっちゃ。
イネス：　いつも何時に起きてるの？
アヤ：　　私は毎朝7時に目が覚めるの。
イネス：　私は7時には起きないわ。9時半まで寝てるの。
ケンゾ：　遅いわね！きみたち何時に寝るの？
イネス：　夜中の2時頃ね。
ケンゾ：　少なくとも夜12時前には寝るようにして、一日の好いスタートのために8時に起きなさい！

💬 **Exercice 4.1**　会話を聞いてシャドーイングしましょう。 *Écoutez et répétez en faisant du shadowing.*

■ ■ 顔を洗う、風呂に入る ■ ■

朝、起床して洗面をする、風呂に入る。こうした凡庸な習慣も、水の供給なしにありえません。江戸庶民は、その恩恵にあずかって銭湯に通っていました。他方で、ルイ14世は生涯に2回しか風呂に入らなかったといわれています。19世紀末まで、パリのブルジョアの住まいでも洗面所や浴室はなく、人びとは起床すると、水差しと水盤で洗面を済ませていました。ヴィクトル・ユゴーの『レ・ミゼラブル』(Victor Hugo (1802-1895), Les misérables, 1832) にパリの下水が登場するように、下水道は上水道に先行していました。この小説が刊行された年、コレラ禍がパリを襲います。衛生への関心が高まりますが、上下の水道の造設が本格化するのは、オスマン男爵（1809-1891）によるパリ改造（1853-1870）とルイ・パストゥール（1822-1895）のおかげで衛生への関心が高まってからです。20世紀になると、ようやくパリの住まいにも浴室が設けられるようになりました。

Il fait de plus en plus chaud.

Entrée
3-14

Chaque année, les températures moyennes mondiales augmentent considérablement. La dernière décennie (2011-2020) a été la plus chaude depuis deux cents ans. En effet, la température moyenne de la planète est aujourd'hui 1 degré plus élevée qu'à la fin du XIXᵉ siècle. L'été 2022 est l'été où il fait le plus chaud depuis 2003.

毎年、世界の平均気温は顕著に上昇しています。2011年から2020年の直近の10年間はこの200年の間でもっとも暑い10年でした。実際、今日では地球の平均気温は19世紀末よりも1度上がっています。2022年の夏は、2003年の夏以来もっとも暑い夏です。

BLOC 1 形容詞・副詞の比較級 *Comparatifs des adjectifs et adverbes*
3-15

■形容詞の比較級 *Comparatif des adjectifs*

plus（優等）/ aussi（同等）/ moins（劣等）+ 形容詞 + que

Pierre est **plus grand** qu'Éric.　　ピエールはエリックより背が高い。

Marie est **aussi grande** que lui.　　ピエールは彼と同じくらい背が高い。

Mes parents sont **moins grands** qu'elle.　　私の両親は彼女ほど背が高くない。

 ・比較級の plus：形容詞と副詞の前、-s は発音しません。母音字、無音の h が続く場合はリエゾンします。
　　que：母音、無音の h の前でエリズィオンが必要です。que の後の人称代名詞は強勢形にします。

★特殊な比較級

bon – **meilleur**　　　petit – **moindre**　　　mauvais – **pire**

Ce restaurant est **meilleur** que l'autre. このレストランはもう一つのよりもおいしい。

La situation de Marie est **pire** que celle de Jeanne. マリーの状況はジャンヌのよりもさらに悪い。

 ただし、具体的な人・ものに対しては、plus petit, plus mauvais が用いられます。
　　Ma voiture est **plus petite** que sa voiture. 私の車は彼の車より小さい。

★服、装身具　**Vêtements, accessoires**

3-16

un T-shirt T シャツ　　une veste ジャケット　　un pantalon ズボン

un blouson ブルゾン, un costume スーツ, un gilet ベスト, un manteau コート, une chemise シャツ, une jupe スカート, une robe ワンピース,

un foulard スカーフ, une montre 腕時計, des sous-vêtements (*m.*) 下着, des chaussettes (*f.*) 靴下, des chaussures (*f.*) 靴, des lunettes (*f.*) メガネ,

 **Exercice 1.1**　　服や装身具、そして以下の形容詞を用いて会話をしましょう。
Productions orales avec le vocabulaire des vêtements et les adjectifs.

[grand, petit, long, court 短い, large 幅が広い, cher (chère) 高い, mignon かわいい]

Ex.:　A : *Ton blouson est plus grand que son blouson ?*

　　　B : *Non, mon blouson n'est pas aussi grand que son blouson.*

■副詞の比較級　*Comparatif des adverbes*

plus（優等）/ aussi（同等）/ moins（劣等）+ 副詞 + que

Julie parle **plus vite que** Françoise.　ジュリーはフランソワーズよりも速く話す。
Mes oncles parlent **aussi vite que** Françoise.　私の叔父たちはフランソワーズと同じくらい速く話す。
Mes tantes parlent **moins vite que** Françoise.　私の叔母たちはフランソワーズほどは速く話さない。

💬 Exercice 1.2　会話練習をしましょう。　*Productions orales par groupe de deux*

Ex. : *Tu [courir, vite, lui]*
　　　A : *Tu cours plus vite que lui ?*
　　　B : *Non, je ne cours pas aussi vite que lui. Mais, toi, tu cours plus vite que lui !*
1)　Louis [nager, vite, Jean]. Non, … . Mais..
2)　Vous [marcher, longtemps*, lui]. Non, … . Mais..　*longtemps 長いあいだ
3)　Nous [voyager, souvent*, elle]. Non, … . Mais..　*souvent しばしば
4)　Elles [se lever, tôt*, eux]. Non, … . Mais..　*tôt 早い

■名詞の数量の比較　*Comparer la quantité*

plus de / aussi de / moins de + 名詞 + que	*plus : [plys]*

Tu as **plus de courage** que moi.　君はぼくより勇気がある。
Julie gagne **autant d'argent** que Jean.　ジュリーはジャンと同じぐらいお金を稼ぐ。
Paris a **moins d'habitants** que Tokyo.　パリの人口は東京よりも少ない。

💬 Exercice 1.3　日本語の意味に合うようにフランス語の文を完成させましょう。
Complétez les phrases suivantes.

1)　Ginette n'achète pas (　　　　　) pulls que Julie.
　　ジネットはジュリーほどたくさんセーターを買わない。

2)　Pour votre santé, vous devez manger (　　　　　) viande.
　　健康のために、肉を食べるのを控えるべきです。

3)　Cliquez ici pour (　　　　　) information.
　　より詳しくは、ここをクリックしてください。

4)　La France produit (　　　　　) blé que le Japon.
　　フランスは日本よりもたくさん小麦を生産する。

■動詞の程度の比較　*Comparer le verbe*

Raoul travaille **plus que** Jules.　ラウールはジュールよりも働く。
　　　　　　　([plys])

Raoul travaille **autant que** Jules.　ラウールはジュールと同じくらい働く。
Raoul travaille **moins que** Jules.　ラウールはジュールほどは働かない。

動詞の程度の比較に用いる plus の場合は [plys] と [s] を発音します。

💬 Exercice 1.4　ほかの人と比較しながら友達の描写をしましょう。
Faites la description d'un(e) ami(e) en le / la comparant avec les autres.

Ex. : *Brigitte est plus grande que moi. Elle est meilleure que Frank en anglais. Elle chante mieux que Lucien. Elle étudie autant que ses amies. Mais elle fait moins de sport que les autres.*

BLOC 2 最上級 *Superlatif*

3-19

■形容詞・副詞の最上級 *Superlatif des adjectifs*

形容詞：定冠詞 + **plus** / **moins**+ 形容詞 + 名詞 + **(de)**	
定冠詞 + 名詞 + 定冠詞 + **plus** / **moins**+ 形容詞 + **(de)**	*plus : [ply]*
副詞： **le** + **plus** / **moins** + 副詞 + **(de)**	

C'était **la plus haute température des** deux derniers siècles. 最近2世紀で最も高い気温だった。

Quels sont **les monuments les plus célèbres du** monde ? 世界で最も有名な建造物は何ですか？

Thomas est l'élève qui court **le plus vite de** la classe. トマはクラスで脚が一番速い生徒です。

★特殊な最上級

形容詞：bon — **le meilleur**　　　petit — **le moindre**　　　mauvais — **le pire**

副詞：　bien — **le mieux**　　　beaucoup — **le plus** [plys]　　　peu — **le moins**

Ce restaurant est **le meilleur de** la capitale. この主都で最もおいしいレストランです。

C'est elle qui connaît **le mieux** les relations internationales. 国際関係を最もよく知っているのは彼女だ。

💬 Exercice 2.1　最上級の形容詞・副詞を補って文を完成させましょう。＋は優等、－は劣等です。
Complétez les phrases avec le superlatif.

1) Simone est la fille (　　　　　　　) de la famille. [+, jeune]
2) Jocelyne et Françoise font (　　　　　　　) de fautes en français. [-, peu]
3) Julie et Simone chantent (　　　　　　　) de mes amis. [+, bien]
4) Ma petite sœur fait (　　　　　　) de sport dans la famille. [+, beaucoup]
5) Voilà l'homme (　　　　　　) au monde. [+, riche]
6) Parmi les cours, c'est l'histoire-géo que j'aime (　　　　　　　). [+, beaucoup]

BLOC 3 指示代名詞 *Pronoms démonstratifs*

3-20

■性数に関係のない指示代名詞

ce (c')	ceci	cela (ça)

1）ce (c')：être の主語として（代名詞は強勢形）

C'est très aimable à vous. ご親切にどうも。

Ce sont elles ! それは彼女たちだ！

　ce：関係代名詞の先行詞として

Ce qui n'est pas clair n'est pas français. 明晰ならざるものフランス語にあらず。（Rivarol）

Dites **ce que** vous voulez. 言いたいことを言いなさい。

2）ceci, cela：主語や目的補語として用いられます。もの・ことを受けます。**ça** は口語で用いられる形です。

Ça va ? 元気？　　　　　　　　　　　**Cela** va de soi. それは自明なことだ。

Je préfère **ceci** à **cela**. 私はあちらのよりもこちらのほうがよい。

■ 性数変化する指示代名詞

m. s.	f. s.	m. pl.	f. pl.
celui	celle	ceux	celles

> ce + 強勢形代名詞3人称（lui, elle, eux, elles）の形です。

すでに話題になった名詞（人・もの）を受けます。指示代名詞の後には限定が続きます。

la température de Tokyo et **celle** de Paris　東京の気温とパリのそれ

Voilà deux valises. **Celle-ci** est à moi, et **celle-là** est à toi.

あそこに2つのスーツケースがあります。こちらは私のであちらは君のです。

Les jeunes de cette région travaillent plus que **ceux** que je connais dans mon village.

この地域の若者たちは私の村で知っている若者たちよりも働き者です。

 「人」、「人びと」を意味するときは、既出の名詞なしで用いられることがあります。

Exercice 3.1　適当と思われる指示代名詞を補いましょう。
Complétez avec les pronoms démonstratifs appropriés.

1) La sœur de Pierre est aussi sympathique que (　　　　) de Damien.
2) Je ne prends pas cette veste, mais je prends (　　　　) -là.
3) Vous voyez les vélos ? (　　　　) -là.
4) (　　　　) qui sont riches ne sont pas toujours heureux.

BLOC ④ 会話 *Conversation*

3-22

Nathan : On parle de plus en plus du changement climatique.

Jade : Oui. Et il fait plus chaud cet été que l'été dernier. Tu ne trouves pas ?

Nathan : Si, si. Mais, qu'est-ce qu'il faut faire ?

Jade : Euh... Planter plus d'arbres, créer plus d'espaces verts, prendre moins la voiture...

Nathan : Produire moins et vivre avec moins de choses.

Jade : Oui, c'est peut-être la meilleure façon de vivre mieux.

ナタン：　気候変動がますますさかんに議論されているね。
ジャド：　そうね。そして今年の夏は去年の夏よりも暑いわ。そう思わない？
ナタン：　いや、思うよ。でも、どうすればいいんだろう？
ジャド：　そうね……。もっと木を植える、緑地をもっと作る、自動車にもっと乗らない……。
ナタン：　物の生産をもっと少なくして、もっと少ない物で生きる。
ジャド：　そうね。もしかすると、それがよりよく生きるための最善の仕方かもしれない。

Exercice 4.1　会話を聞いてシャドーイングしましょう。　*Écoutez et répétez en faisant du shadowing.*

■■ 気候変動への取り組み ■■

フランスでも環境問題は大きな関心事です。持続可能な開発目標（SDGs）のゴール13には「気候変動及びその影響を軽減するための緊急措置を講じる」とありますが、2015年にフランスのパリで開催されたCOP21（第21回国連気候変動枠組条約締約国会議）では、2020年以降の温室効果ガス排出削減等のための新たな国際枠組みとして、パリ協定（Accord de Paris sur le climat）が採択されています。1971年に環境省（Ministère de l'Environnement）が設立されましたが、2002年にエコロジー・持続可能開発省（Ministère de l'Écologie et du Développement durable）となり持続可能な開発目標に沿った政策が掲げられました。2022年からは、エコロジー移行と国土統一省（Ministère de la Transition écologique et de la Cohésion des territoires）とエネルギー移行省（Ministère de la Transition énergétique）に分かれて、環境保全とエネルギー政策の両輪を明確に分けた政治的な取り組みが行われています。

Je les achète au marché.

Entrée 🔊 3-23

« Où est-ce que j'achète les produits alimentaires ?
Eh bien, je les achète surtout au marché. Comme on
est en province, les fruits et légumes nous arrivent
tout droit des champs. Les vêtements, je les achète
un peu plus qu'avant dans les magasins en ligne.
C'est pratique, car ils nous livrent les marchandises.
Le plaisir de faire les vitrines ? Oui, vous avez raison.
C'est dommage si on l'oublie. »

「どこで私が食料品を買うか、ですって？ そう
ですね、私は主に市場で買います。ここは地方
なので、果物や野菜は畑から直接来ます。衣服
は、以前よりもオンラインストアで買います。
商品を届けてくれるので、便利です。ウインド
ウ・ショッピングのよろこびですって？ はい、
確かにそうですね。もしそれを忘れるようなこ
とがあれば残念です。」

BLOC ① 補語人称代名詞 *Pronoms personnels compléments* 🔊 3-24

主語	直接目的	間接目的	強勢形
je (j')	me (m')	me (m')	moi
tu	te (t')	te (t')	toi
il / elle	le (l') / la (l')	lui	lui / elle
nous	nous	nous	nous
vous	vous	vous	vous
ils / elles	les	leur	eux / elles

me, te, le, la は母音また
は無音の h の前では、エリ
ズィオンを行ないます。

■直接目的補語と間接目的補語 *Compléments d'objet direct et indirect*

直接動詞に続く：**直接目的補語** ／ 前置詞 **à** などに導かれる：**間接目的補語**

Nous visitons **le Louvre**. 私たちはルーヴルを見学する。　　J'offre **des fleurs à Lise**. 私はリーズに花を贈る。

🐾 ただし、à で導かれても、時や場所を表す場合は間接目的補語ではなく、状況補語です。
Je vais à l'université.　　Ils partent à 19 h 30.

🔍 Exercice 1.1　太字部分は直接目的ですか、間接目的ですか？
Les parties en gras sont-elles des COD ou des COI ?

1) Il dit bonjour **à son copain**.
2) Pierre prête **son vélo** à Lise.
3) Elle écrit **à ses parents**.
4) Ils obéissent **à leurs parents**.
5) Tu prends **ton déjeuner**.
6) Il aime **les chats**.

■補語人称代名詞の位置 *Place des pronoms personnels compléments* 🔊 3-25

> 主語 ＋（ne）＋ 補語人称代名詞 ＋ **動詞** ＋（pas）
> 　　　　　　　　　　　　　　 ＋ **助動詞** ＋（pas）＋過去分詞（→ 複合時制、L.16）

補語人称代名詞は、**動詞**（**助動詞**）の直前に置く点で英語とは異なります。倒置疑問文でも同じ語順です。
（肯定命令文はその原則から外れます。）

Il dit bonjour à Léa tous les matins. → Il **lui dit** bonjour tous les matins.
Nous ne préparons pas encore le repas. → Ne **le préparons** pas encore.
Achètes-tu cet ordinateur ? → **L'achètes**-tu ?

 「準助動詞＋不定詞」の場合は不定詞の直前に置きます。
Je vais chercher ma fille à la crèche. → Je **la** chercher à la crèche.

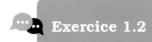

Exercice 1.2

補語人称代名詞の表を参考にして、隣の人と相談しながら次の表を完成させましょう。
Consultez le tableau des pronoms COD et COI (cf. BLOC 1) et complétez les phrases avec l'aide de votre voisin(e).

			直接目的補語人称代名詞
*Il prend **la** chemise.*	→	*Il **la** prend.*	*f.s.*
*Il essaie **la** chemise*	→	*Il **l'**essaie.*	**la / l'**
*Il prend **le** jean.*	→	*Il ____ prend.*	*m.s.*
*Il essaie **le** jean.*	→	*Il ____ essaie.*	____
*Il prend **les** chaussures.*	→	*Il ____ prend.*	*pl.*
*Il essaie **les** chaussures.*	→	*Il ____ essaie.*	____

BLOC 2 — 直接目的補語人称代名詞 *Pronoms personnels COD*

3-26

Zut ! Je n'ai pas le manuel. Est-ce que tu **l'as** ? しまった！ 教科書を持っていない。君は（それを）持っている？

Est-ce qu'ils font leurs devoirs ?　— Oui, ils **les font**. 彼は宿題をやっている？──うん、（それを）やっているよ。

Connais-tu la nouvelle professeure ?　— Non, je ne **la connais** pas.

新しい先生を知っている？──いいや、（彼女を）知らないよ。

Tu viens de finir ton travail ?　— Oui, je viens juste de **le finir**.

仕事を終えたところ？──うん、ちょうど（それを）終えたところだ。

Exercice 2.1

直接目的の補語人称代名詞を使って答えましょう。
Complétez les dialogues avec les pronoms COD.

1)　Tu me prête ton manuel ?　— Non, parce que je ne (　　　) ai pas.
2)　Tu veux que je t'aide ?　— Non, non. Il ne faut pas (　　　) déranger*.

déranger 邪魔をする

3)　Je vois souvent Léa et Thomas. — Ah oui, tu (　　　) vois souvent ?
4)　Cette chemise, est-ce que vous (　　　) prenez ?
5)　Vous (　　　) connaissez? — Oui, vous étudiez dans la même université que mon frère.
6)　 J'adore l'histoire. Toi aussi, tu (　　　) intéresses à l'histoire ?

BLOC 3 — 間接目的補語人称代名詞 *Pronoms personnels COI*

3-27

Offrez-vous un cadeau à vos parents ?　— Oui, nous **leur offrons** un cadeau.

あなた方はご両親にプレゼントを贈りますか？──はい、（彼らに）プレゼントを贈ります。

Merci de ce très beau cadeau !　— Il **te plaît** ? Tant mieux !

このとても立派なプレゼントをありがとう！──気に入った？ よかった！

Leur parlons-nous de notre secret ?　— Je ne sais pas. 彼らに私たちの秘密について話す？──わからない。

・「à + 人」では、次のような場合、間接目的補語代名詞ではなく、「à + 強勢形」を使います。
　　Je pense souvent à mes amis. → Je pense souvent **à eux**. 私はよく彼らのことを考える。
　　Ce sac est à qui ?　— Il est **à moi**. このバッグは誰のですか？──私のです。
・「à ＋場所を示す名詞」は、lui, leur ではなく y で置き換えます。
　　J'envoie ce colis aux États-Unis. → J'**y** envoie ce colis. 私はそこに小包を送る。

Exercice 3.1 間接目的の補語人称代名詞を使って答えましょう。動詞も補うこと。
Complétez les dialogues avec les pronoms COI. N'oubliez pas de mettre les verbes.

1) Vous allez me répondre ?　— Oui, je vais (　　　　) tout de suite.
2) Tu rends visite à tes grands parents ?　— Oui, je (　　　　) visite tous les ans.

＊ rendre visite à 訪ねる

3) Pouvons-nous parler à Laure de notre projet ?　— Oui, nous pouvons (　　　　).
4) Merci de ce très beau cadeau !　— Il (　　　　) plaît ? Tant mieux !
5) J'écris un mail à Laure.　— Ah oui ? Tu (　　　　) souvent ?
6) Vous ressemblez à votre mère.　— Oui ? Je (　　　　) ?

BLOC 4 命令法の文における直接目的補語人称代名詞と間接目的補語人称代名詞
Les pronoms personnels COD et COI dans les phrases impératives
3-28

肯定命令文でのみ、目的補語人称代名詞は動詞のすぐ後ろにトレデュニオンでつながれます。

Vous **nous invitez**.　　→ **Invitez-nous** ! 私たちを招待してください！
Tu **lui téléphones**.　　→ **Téléphone-lui** ! 彼(女)に電話して！

me, te はそれぞれ moi, toi に変わります。
Tu **m'écoutes**.　　→ Écoute-**moi** ! 私の言うことを聞きなさい。
Tu **te** laves les mains.　→ Lave-**toi** les mains ! 手を洗いなさい。

否定命令文では原則通り動詞の前に置きます。

Vous ne **nous invitez** pas.　→ Ne **nous invitez** pas ! 私たちを招待しないでください！
Tu ne **me téléphones** pas.　→ Ne **me téléphone** pas ! 私に電話をしないで！

Exercice 4.1 命令法を使ってフランス語上達のために５つのアドバイスをしてください。
Utilisez l'impératif, et donnez cinq conseils pour faire des progrès en français.

Ex. : *Écoute des podcasts français !*
Fais des exercices de prononciation !

BLOC 5 疑問代名詞（2）*Pronoms interrogatifs (2)*
3-29

性数によって変化する以下のような疑問代名詞があります。

m.s	f.s.	m.pl.	f.pl.
lequel	laquelle	lesquels	lesquelles

既出の名詞（人、もの）を受け、複数要素のなかからどれ・どちら、どの人（誰）を表します。

Lequel de vos enfants va au lycée ? あなたのお子さんたちの誰がリセに通っていますか？
De ces romans, **lequel** aimes-tu ? これらの小説のうち、どれが好きなの？

Exercice 5.1 適切な疑問代名詞を補って以下の文を完成させましょう。
Complétez ces questions avec un pronom interrogatif.

Ex. : *Nous avons cette chemise en deux couleurs : bleu et rouge. Laquelle prenez-vous ?*
1) Il y a deux filles sur la photo. ＿＿＿＿＿ est ta sœur ?
2) Tu as beaucoup de livres. ＿＿＿＿＿ sont intéressants ?
3) Tu parles trois langues ! ＿＿＿＿＿ parles-tu à la maison : l'anglais ou le japonais ?
4) Vous avez trois grands enfants. ＿＿＿＿＿ travaillent déjà ?
5) Je vois cinq films à l'affiche. ＿＿＿＿＿ voudrais-tu voir ce soir ?

BLOC 6 会話 *Conversation*

3-30

Le client :　Bonjour, pouvez-vous me renseigner ?

Le libraire :　Bonjour. Oui, bien sûr.

Le client :　Je cherche ce livre, mais je ne le trouve pas.

Le libraire :　Voyons... Ah, oui. Vous allez le trouver dans le rayon derrière vous. Je vais vous montrer.

Le client :　Ah merci. 24 euros... Je le prends. Je peux vous payer par carte ?

Le libraire :　Aucun problème. Mettez votre carte dans le terminal de paiement, s'il vous plaît.

客　　　：こんにちは。教えてもらえますか？
書店員：こんにちは。もちろんです。
客　　　：この本を探しているのですが、見つかりません。
書店員：見てみましょう……。ああ、そうです。あなたの後ろの棚に見つかるでしょう。お見せします。
客　　　：ありがとうございます。24 ユーロ、と。これ買います。カードで支払えますか？
書店員：まったく問題ありません。カードを決済端末に入れてください。

・・・ Exercice 6.1　聞いて、シャドーイングをしましょう。 *Écoutez et répétez en faisant du shadowing.*

■■ フランスのデパートの誕生 ■■

アリスティッド・ブシコーがル・ボン・マルシェという 1851 年にフランス最初のデパートをパリに開きました。顧客は第二帝政期のブルジョワジーの女性たちでしたが、新機軸のサービスを提供しました。彼女たちは棚に陳列されている商品を自由に手に取ることができて、カタログ注文や家への配送までできるようになったのです！フランスの工業革命の企業主の象徴的なこの成功は、小説家エミール・ゾラが 1883 年に書いた『オ＝ボヌール＝デ＝ダム百貨店』という小説のヒントになりました。しかし 19 世紀末にはラ・サマリテーヌやレ・ガルリー・ラファイエットという今日でも人気のパリのデパートの登場によりすぐ競合相手が生まれることになりました。

Tu veux voir le film sorti la semaine dernière ?

Leçon 16

Entrée 3-31

Émile Guimet est un industriel français né en 1836 à Lyon. Il a voyagé dans le monde entier et il est venu au Japon en 1876. Il a rapporté en France une importante collection d'objets d'art asiatiques. Pour l'exposer à Paris, il a construit un musée inauguré en 1889. Il est mort en 1918, mais on peut toujours visiter son musée situé dans le XVIᵉ arrondissement.

エミール・ギメは、1836年、リヨンに生まれたフランスの実業家です。世界中を旅し、1876年に来日しました。彼は、アジアの美術品の重要なコレクションをフランスに持ち帰りました。それをパリで展示するために、彼は美術館を建設し、美術館は1889年に開館しました。彼は1918年に亡くなりましたが、16区にある彼の美術館はいまでも見学することができます。

BLOC 1 過去分詞 *Participe passé*

■過去分詞の作り方 *Formes du participe passé* 3-32

	不定詞	過去分詞
-er → -é	chanter	chant**é**
	travailler	travaill**é**
	aller	all**é**
-ir → -i	finir	fin**i**
	partir	part**i**

	不定詞	過去分詞	不定詞	過去分詞
その他	avoir	eu	lire	lu
	être	été	mettre	mis
	attendre	attendu	pouvoir	pu
	connaître	connu	prendre	pris
	dire	dit	savoir	su
	écrire	écrit	venir	venu
	faire	fait	vouloir	voulu

■過去分詞の形容詞的用法 *Participe passé, emploi adjectival* 3-33

①形容詞と同じように名詞を修飾します。

Est-ce que tu veux voir le film **sorti** la semaine dernière ? 君は先週出た映画を見たかい？

C'est une photo **prise** pendant mon voyage en Normandie. ノルマンディーの旅行で撮った写真です。

②補語として用います。

On ne peut pas passer par là. Cette porte est toujours **fermée**.

ここからは通れません。この扉はいつも閉まっています。

Tout le monde se lève, mais elle, elle reste **assise***. 皆起立するが、彼女といえば座ったままです。

*asseoir → assis

Exercice 1.1　規則を完成させましょう。 *Complétez la règle.*

形容詞的用法の過去分詞は、直接名詞を修飾する場合も、属詞の場合も、性数（　　　　）する。

Exercice 1.2　文末の [　　　] に示された不定詞を適切な過去分詞にして、文を完成させましょう。

Complétez les phrases suivantes avec le participe passé des verbes indiqués à la fin de chaque phrase.

1) Il fait chaud. Est-ce que la fenêtre est (　　　　　) ? [ouvrir]

2) Voilà un travail bien (　　　　　). Je vous félicite ! [faire]

3) L'Arc de Triomphe de l'Étoile est un bâtiment bien (　　　　　) (　　　　　) en 1836. [connaître, construire]

4) C'est une toute petite rue (　　　　) la rue du Chat-qui-Pêche. [nommer]

BLOC 2 直説法複合過去 *Passé composé de l'indicatif*

■活用 *Conjugaison*

複合過去形には 2 種類の作り方があります。
1) avoir の現在形＋**過去分詞**
2) être　の現在形＋**過去分詞**

> 助動詞 avoir または être ＋過去分詞
> というかたちの時制を複合時制と言います。
> 助動詞を用いない時制は、単純時制です。

助動詞として avoir を用いるか、être を用いるかは動詞によって決まっています。また、用いる助動詞は、すべての複合時制を通じて変わりません。
1)　助動詞 avoir：すべての他動詞と大部分の自動詞
2)　助動詞 être　：以下のような一部の自動詞
主に、主体の移動と主体の状態の変化を表します。
aller 行く／ venir 来る　arriver 着く／ partir 発つ　entrer 入る／ sortir 出る　rentrer 帰る／ revenir 戻る
monter 昇る／ descendre 降りる・tomber 落ちる　naître 生まれる／ mourir 死ぬ　rester とどまる

 「往来、発着、出入、昇降、生死」と覚えることもできます。

1)　助動詞 avoir を用いる動詞

chanter		3-34
j' ai chanté	nous	avons chanté
tu as chanté	vous	avez chanté
il / elle a chanté	ils / elles	ont chanté

 助動詞 avoir の場合、過去分詞は無変化です。

> **Exercice 2.1**　以下の活用表を完成させましょう。 *Complétez les tableaux suivants.*

faire				comprendre			
j' _____	nous _____			j' _____	nous _____		
tu _____	vous _____			tu _____	vous _____		
il / elle _____	ils / elles _____			il / elle _____	ils / elles _____		

2)　助動詞 être を用いる動詞

aller		3-35
je suis allé(e)	nous	sommes allé(e)s
tu es allé(e)	vous	êtes allé(e)(s)
il est allé	ils	sont allés
elle est allée	elles	sont allées

> 助動詞 être の場合、過去分詞は主語の性・数に一致します。
> 女性単数 -e
> 男性複数 -s
> 女性複数 -es

 （　）を用いた表記について：vous の性数一致は 4 通りあります。
vous êtes allé, vous êtes allés, vous êtes allée, vous êtes allées

> **Exercice 2.2**　以下の活用表を完成させましょう。 *Complétez les tableaux suivants.*

venir				arriver			
je _____	nous _____			je _____	nous _____		
tu _____	vous _____			tu _____	vous _____		
il _____	ils _____			il _____	ils _____		
elle _____	elles _____			elle _____	elles _____		

Exercice 2.3 （　）内に正しい複合過去のかたちを書きましょう。性数一致があるときは、（　）を用いてそれも記すこと。
Complétez avec les verbes au passé composé. Indiquer aussi l'accord du participe passé.

1) Elle (　　　　　　　　　　) toute la nuit. [danser]
2) Nous (　　　　　　　　　　) après minuit. [rentrer]
3) Tu (　　　　　　　　　) pendant 2 heures. [courir → couru]
4) Vous (　　　　　　　　　) en France. [naître]
5) Ils (　　　　　　　　) en retard. [venir]
6) Elles (　　　　　　　　　) à la maison. [rester]

■ **複合過去の否定形** *Forme négative du passé composé* 🔊 3-36

助動詞のみを ne...pas（あるいは他の否定の表現）ではさみます。

Je n'**ai** pas bien **compris** votre question. 私はあなたの質問がよくわかりませんでした。

Nous n'**avons** pas **vu** nos amis français depuis six mois. 私たちはフランス人の友人たちに 6 ヵ月前から会っていません。

Ils ne **sont** jamais **allés** en France. 彼らは、一度もフランスに行ったことがない。

■ **複合過去の倒置疑問形** *Forme interrogative du passé composé*

単純倒置の場合は、主語の代名詞と助動詞を倒置します。

Avez-vous bien **dormi** hier ? 昨晩よく眠れましたか？

Est-elle déjà **partie** ? 彼女はすでに出発しましたか？

> 左の例文にある bien, déjà のような副詞は、過去分詞の前に置かれます。

■ **複合過去の用法** *Emploi du passé composé*

過去の出来事、または現在において完了している出来事を表します。

Exercice 2.4 現在形との違いを考えながら複合過去の文に書き換えましょう。
Écrivez les phrases au passé composé.

1) Je prépare mon petit déjeuner.
2) Est-ce qu'il prend son vélo pour aller à la faculté ?
3) Non, il ne voit pas Léa à la station de métro.
4) Est-ce que vous mangez au R.U. mardi ?
5) J'appelle mes parents au téléphone.
6) Ils rentrent tard parce qu'ils ont beaucoup de cours.

■ **直説法複合過去 代名動詞** *Passé composé des verbes pronominaux*

se laver 🔊 3-37	
je me suis lavé(e)	nous nous sommes lavé(e)s
tu t'es lavé(e)	vous vous êtes lavé(e)(s)
il s'est lavé	ils se sont lavés
elle s'est lavée	elles se sont lavées

> 代名動詞の複合時制では、すべて助動詞は être を使います。再帰代名詞が直接目的語であるとき、過去分詞は再帰代名詞に性数一致します。

否定文：ne...pas で［**再帰代名詞＋助動詞**］を挟みます。

Hier, je ne **me suis** pas levée à sept heures et demie. 昨日、私は 7 時半に起きなかった。

倒置疑問文：［主語］と［**再帰代名詞＋助動詞**］を倒置させます。

Elle **s'est** maquillée avec soin. 彼女は入念に化粧をした。

→ **S'est**-elle maquillée avec soin ?

BLOC 3 複合時制における過去分詞の一致【まとめ】 *Accord du participe passé【synthèse】*

3-38

■助動詞 avoir の場合

- 原則として性数一致はない。
- ただし、直接目的補語が過去分詞の前にあるとき、過去分詞はその 直接目的補語 と性数一致する。

  Vous **avez** déjà **visité** la Tour Eiffel ? — Oui, nous l'**avons visitée** avant-hier.

  La solution que tu **as proposée** semble excellente.

  cf. La solution semble excellente. Tu **as proposé** cette solution.

■助動詞 être の場合

- 主語の性・数と一致する

  Ils **sont partis** tôt le matin. Elles sont **arrivées** à l'heure.

- 代名動詞の場合：再帰代名詞が 直接目的 のとき、再帰代名詞と性数一致する。

  Ils **se sont connus** il y a vingt ans. Nous **nous sommes promené(e)s**.

  Elle **s'est lavée**.

  cf. Elle s'est lavé les mains.（s' は間接目的。直接目的は les mains）

BLOC 4 会話 *Conversation*

3-39

Inès : Patrick et moi, nous nous sommes connus aux États-Unis il y a cinq ans.

Léa : Ah bon ? Combien de temps avez-vous passé là-bas ?

Inès : Deux ans. Et toi Léa, où est-ce que tu as rencontré Sébastien ?

Léa : L'année dernière, j'ai fait le chemin de Compostelle.

Inès : Ah oui ? Ça a l'air intéressant !

Léa : Oui, oui. J'ai rencontré Sébastien sur le chemin, et nous avons marché ensemble !

イネス：　パトリックと私は5年前にアメリカ合衆国で知り合ったの。
レア：　　あら、そうなの。何年間アメリカで過ごしたの？
イネス：　2年間。それでレア、どこでセバスティアンと出会ったの？
レア：　　去年、コンポステラへの道*を歩いたの。
イネス：　ほんとう？　とても面白そう！
レア：　　そうそう。その途中でセバスティアンと出会って、一緒に歩いたの！

*ヨーロッパ各地から出発してスペイン北部のサンチャゴ・デ・コンポステラをめざす巡礼の道。

⋯ Exercice 4.1 会話を聞いてシャドーイングしましょう。 *Écoutez et répétez en faisant du shadowing.*

🇫🇷 移民社会フランス 🇫🇷

フランスは異文化だけではなく、19世紀から労働力として移民も受け入れています。最初はヨーロッパの他の国々から、そして近年ではアフリカ大陸からの移民が多くなっています。人口統計上の「移民」とは、フランス国外で非フランス人として生まれ、フランスに来て1年以上滞在した人のこと。労働者だけでなく、留学生も、企業に派遣された人も、フランス人と結婚した人も移民に含まれ、2021年には人口の10.3%を占めるようになりました。統計上では終生「移民」であり続けますが、移民の36%がフランス国籍を取得してフランス人となり、参政権を含めた諸権利を手にしています。現在30-34歳のフランス人のうち、自身が移民、少なくとも片親や祖父母の1人が移民という人を合わせると国民の37%に上ります。フランスは文字通り移民社会なのです。「移民」は国際的に広く採用された定義ですが、多重国籍と同じく、日本は採用していません。

Versailles était une forêt.

Leçon 17

Entrée 🔊 3-40

Louis XIII (règne, 1610-1643) aimait la chasse et allait souvent à la forêt de Versailles. Il a construit un petit château avec des jardins. Son fils Louis XIV (règne, 1643-1715) a donné à celui-ci l'aspect que nous connaissons aujourd'hui. Louis XIV aimait la musique, et il en écoutait tous les matins après le conseil.

ルイ13世（治世、1610－1643年）は狩猟を好み、ヴェルサイユの森によく行っていました。庭のある小さなお城を建てました。彼の息子のルイ14世（治世、1643－1715年）は、その城に今日の私たちが知っている姿を与えました。ルイ14世は音楽が好きで、会議が終わると毎朝音楽を聴いていました。

BLOC 1 直説法半過去 *Imparfait de l'indicatif*

■半過去の活用

動詞の語幹は直説法現在形 nous の活用を用います。
語尾はすべての動詞について右記のとおり。-ais, -ais, -ait, -ions, -iez, -aient

aimer 愛する、好きだ 🔊 3-41
j' aim**ais**
tu aim**ais**
il / elle / on aim**ait**
nous aim**ions**
vous aim**iez**
ils / elles aim**aient**

finir 終える、終わる 🔊 3-42
je finiss**ais**
tu finiss**ais**
il / elle / on finiss**ait**
nous finiss**ions**
vous finiss**iez**
ils / elles finiss**aient**

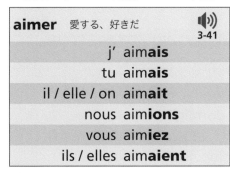

語幹
nous **aim**ons
nous **finiss**ons
nous **ven**ons

🐾 ・être は例外で、ét- が語幹です。j'étais, tu étais, il / elle / on était, nous étions, vous étiez, ils / elles étaient

🔍 **Exercice 1.1** 次の動詞を直説法半過去に活用させましょう。
Conjuguez les verbes suivants à l'imparfait de l'indicatif.

1) penser　　2) manger　　3) choisir　　4) partir
5) lire　　　6) croire　　 7) devoir　　 8) faire

■直説法半過去の用法 *Emploi de l'imparfait de l'indicatif* 🔊 3-43

半過去は未完了の時制です。過去のある時点（過去における現在）の行為・状態をまだ進行中のもの、未完了のもの（描写、継続、習慣）として表します。

1) 過去の描写

Émilie **portait** ce jour-là une robe rouge. エミリはその日赤いドレスを着ていた。

2) 過去の習慣

Louis **se levait** à 7 heures tous les matins quand il **était** jeune. ルイは若い頃毎朝7時に起きていた。

3) 過去における継続中の行為・状態

Cette nuit, il **dormait** profondément et son téléphone a sonné.

その夜、彼はぐっすり眠っていたが、電話が鳴った。

4) 提案

Et si on **allait** au cinéma ? 映画に行かない？

67

5）過去における現在（時制の一致、間接話法などの従属節に用いられて）（→ L21, p.85)

Je croyais qu'il était courageux. 私は彼が勇敢だと思っていた。

（Je crois qu'il est courageux.）（私は彼が勇敢だと思う。）

Il m'a dit qu'il avait mal à la tête. 彼は頭が痛いと私に言った。

（Il me dit qu'il a mal à la tête.）（彼は頭が痛いと私に言う。）

Exercice 1.2 [ ] 内に記された動詞の半過去を補いましょう。
Complétez les phrases avec l'imparfait des verbes indiqués entre crochets.

1) Quand j' (　　　　　) petit, je (　　　　　) très tôt. [être, se coucher]
2) Quand il (　　　　　) à Versailles, Louis XIII (　　　　　) de la chasse. [être, faire]
3) Dans le train, tout le monde (　　　　　). [dormir]
4) Pendant tout le mois d'août, la température (　　　　　) très élevée. [être]
5) Quand nous (　　　　) jeunes, nous (　　　　) à la montagne. [être, aller]
6) Quand il (　　　　) Paris, il (　　　　) souvent au bord de la Seine.
   [habiter, se promener]

■**半過去と複合過去** *Passé composé et imparfait*

完了した過去の出来事、過去の出来事の継起 → 複合過去
未完了の過去の出来事、背景描写 → 半過去

Il **traversait** la rue quand soudain un ami l'**a appelé**. 彼が道を渡っていたら突然友達が声をかけた。

Exercice 1.3 動詞を複合過去形か半過去形にして書きましょう。
Mettez les verbes au passé composé ou à l'imparfait.

1) Mes parents (　　　　) quand je (　　　　). [rentrer, dormir]
2) Ma mère (　　　　) souvent du jazz quand elle (　　　　) jeune. [écouter, être]
3) Le téléphone (　　　　) quand je (　　　　) la télévision. [sonner, regarder]
4) Quand ils (　　　　) en France, ils (　　　　) du foot tous les dimanches. [être, faire]
5) Je (　　　　) pendant deux heures et je (　　　　) à la gare. [marcher, arriver]

BLOC 2 直説法大過去 *Plus-que-parfait de l'indicatif*

■**大過去の活用**

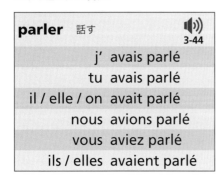

parler 話す 3-44	
j' avais parlé	
tu avais parlé	
il / elle / on avait parlé	
nous avions parlé	
vous aviez parlé	
ils / elles avaient parlé	

arriver 到着する 3-45	
j' étais arrivé(e)	nous étions arrivé(e)s
tu étais arrivé(e)	vous étiez arrivé(e)(s)
il était arrivé	ils étaient arrivés
elle était arrivée	elles étaient arrivées

否定は**助動詞**を **ne** と **pas** ではさみます。
Ma sœur n'**avait** pas aimé ce livre.
Ils n'**étaient** pas arrivés.
Elle ne **s'était** pas levée tôt.

■**大過去の用法** *Emplois du plus-que-parfait* 3-46

1）大過去は過去のある時を基準にしてそれ以前にすでに完了している動作や状態を述べます。

Marc est arrivé à la gare à 10 h. Le train est parti à 9 h. マルクが駅に 10 時に着いた。電車は 9 時に出発した。

→ Quand Marc **est arrivé** à la gare, le train **était** déjà **parti**. マルクが駅に着いた時、電車はもう出ていた。

Mon frère **avait** déjà **fini** son travail **à midi**. 兄は正午にはすでに仕事を終えていた。

17

2) 過去における過去（時制の一致、間接話法などの従属節に用いられて）（→ L21, p.85）

Il m'a dit qu'il s'était marié l'année d'avant. 彼は、その前年に結婚したと言った。

(Il m'a dit : « Je me suis marié l'année dernière. »)

Exercice 2.1 いずれかの文の動詞を大過去にして、文を 1 つにしましょう（quand が入ることで時間の表現が削除されるのが自然。）。
Reliez les deux phrases en utilisant le plus-que-parfait.

Ex. : *Elle est rentrée à 20 h. Ses enfants se sont couchés à 19 h.*
→ *Quand elle est rentrée, ses enfants s'étaient déjà couchés.*

1) Arthur est allé voir sa mère à l'hôpital le 1ᵉʳ février. Sa mère est sortie de l'hôpital le 30 janvier.

2) Mes parents sont arrivés pendant la nuit. J'ai dîné le soir.

3) J'ai voulu manger mon sandwich à midi. Je l'ai oublié à la maison le matin.

Exercice 2.2 大過去形を用いて一日の行動を説明しましょう。
Décrivez les activités de la journée en utilisant le plus-que-parfait.

Ex. : *[je, partir au travail / prendre le petit-déjeuner avant]*
→ *Je suis parti au travail. J'avais pris le petit-déjeuner avant.*

1) [Louis, déjeuner avec son directeur / travailler avec lui avant]

2) [Brigitte, aller à la salle de sport / finir son travail avant]

3) [Muriel et Myriam, aller au karaoké avec leurs amies / dîner avec elles avant]

BLOC 3 中性代名詞 *Pronoms neutres*

🔊 3-47

■中性代名詞 le   *Pronom neutre* le

①属詞を受ける

Elle est très **fatiguée**. Ils **le** sont aussi. 彼女はとても疲れている。彼らもだ。

Les filles étaient **contentes**. Le père **l'**était aussi. 娘たちは喜んでいた。父親もだった。

 le は属詞の性数とは無関係です。

On ne naît pas **femme**, on **le** devient. (Simone de Beauvoir) 人は女に生まれない、女になるのだ。

②文、節、動詞の不定法を受ける

Il a réussi à son examen. — Je ne **le** savais pas. 彼は試験に受かったよ。— 知らなかったな。

Elle dit vraiment **que Louise aime Paul** ? — Non, elle ne **le** dit pas.
彼女はほんとうにルイーズがポールを愛していると言っているの？ — いいえ、彼女は言っていません。

Elle peut venir chez moi quand elle **le** veut. 彼女は私の家にいつ来てもいいですよ。

■中性代名詞 en ①   *Pronom neutre en* ①

前置詞 de と組み合わされた名詞や動詞の不定法や文・節の内容を受ける。

Vous revenez **de Londres** ? — Oui, j'**en** reviens. ロンドンから戻られたのですか？ — はい、戻りました。

Marie a parlé **de la visite au musée** ? — Oui, elle **en** a parlé.
マリは美術館訪問のことを話しましたか？ — はい、話しました。

Il est capable **de dormir 10 heures par jour**. Moi, je n'**en** suis pas capable.
彼は一日 10 時間眠ることができるが、私にはできない。

 de のあとに人が来る場合は強勢代名詞を用います。

Marie a parlé **de Jean** ? — Oui, elle a parlé de **lui**. マリはジャンのことを話しましたか？ — はい、話しました。

■中性代名詞 y ②   *Pronom neutre y* ②

🔊 3-48

前置詞 à と組み合わされた名詞や動詞の不定法や文・節の内容を受けます。

Vous avez répondu **à sa question** ? — Oui, j'**y** ai répondu.
あなたは彼（女）の質問に答えましたか？ — はい、答えました。

Tu penses **à ton chien** ?　— Oui, j'**y** pense tout le temps.

君の飼い犬のことを思っているの？　— ええ、いつも思っています。

 à のあとに人が来る場合は原則として間接目的補語人称代名詞を用います。

Tu as répondu **à ta mère** ?　— Oui, je **lui** ai répondu. 君はお母さんに返事したの？　— はい、しました。

■ « **y** » と « **en** » の位置　*Emplacement de y et en*

① 他の補語人称代名詞のあと

Je **vous** remercie **de ce cadeau**. プレゼントをありがとう。　→ Je vous **en** remercie.

Je **l'**ai vu **au cinéma**. 映画館で観ました。　→ Je l'**y** ai vu.

Je **me** souviens **de cette histoire**. この話を覚えています。　→ Je m'**en** souviens.

② « **y** » + « **en** »

Il **y** a trois **livres**. 本が 3 冊あります。　→ Il **y en** a trois.

③ 肯定命令文の動詞のあと

Mange **des légumes** ! 野菜を食べなさい。　→ Manges-**en** !

Pense **à ton avenir** ! 君の将来を考えろ。　→ Penses-**y** !

> 2 人称単数形の命令法の語末に s を復活させて代名詞 « y » や « en » とリエゾンさせます。

💬 **Exercice 3.1**　代名詞 « **le** », « **y** », « **en** » を用いて答えましょう。

Répondez aux questions en utilisant les pronoms le, y, en.

1)　Est-ce que Léa les a emmenés <u>à la piscine</u> ?
2)　Est-ce que mon père lui a parlé <u>de cela</u> ?
3)　Est-ce que Céline est contente <u>de son succès</u> ?
4)　Maintenant, je peux aller <u>à l'université</u> ?
5)　Est-ce que la sœur s'intéresse beaucoup <u>à ce concert</u> ?
6)　Est-ce qu'elle a envie <u>de me parler</u> ?

BLOC ④　会話 *Conversation*　🔊 3-49

Inaya :　Est-ce que tu avais ton parapluie hier quand il a commencé à pleuvoir ?

Thierry :　Non, je l'avais oublié chez moi. Je n'avais pas mon imper, non plus.

Inaya :　La météo avait annoncé une forte pluie. Elle a eu raison pour une fois.

Thierry :　Oui. Je suis entré dans un café pour ne pas être mouillé.

Inaya :　Tu as bien fait.

Thierry :　Oui, mais j'y suis resté deux heures. J'en avais marre.

イナヤ：　きのう雨が降り始めたとき、傘は持っていた？
ティエリー：　いや、家に忘れていた。レインコートも着ていなかった。
イナヤ：　天気予報は大雨だと予告していたわ。今回ばかりは当たったわね。
ティエリー：　そうだね。濡れないようにカフェに入ったよ。
イナヤ：　よい判断だと思うわ。
ティエリー：　そうだね。でも 2 時間もそこにいたんだ。もううんざりだったよ。

💬 **Exercice 4.1**　会話を聞いてシャドーイングしましょう。　*Écoutez et répétez en faisant du shadowing.*

🔳 🔳 歴史の見直し 🔳 🔳

フランスで、ルイ 14 世よりも人気のある歴史上の人物が高いのがナポレオン・ボナパルトです。その彼についても評価の見直しが行なわれています。武力を用いた対外政策ももちろんですが、近代的な法とされるポレオン法典が男女の格差を制度化した点、フランス革命が 廃止した奴隷制を復活させた点なども否定的に語られるようになりました。社会の価値観 は変化し、多様化しているのです。

La pasteurisation est inventée.

Entrée 🔊 3-50

Louis Pasteur（1822-1895）
Scientifique français spécialiste de microbiologie, il a démontré l'existence des bactéries en 1861. Il a inventé le vaccin contre la rage en 1885. En 1863, il a inventé un processus pour la conservation des aliments par chauffage entre 69 et 90 °C. C'est la pasteurisation.

ルイ・パストゥール（1822-1895）
細菌学を専門とするフランスの科学者で、彼は1861年にバクテリアの存在を明らかにしました。1885年には狂犬病ワクチンを考案しました。1863年に69度から90度の間で温めることによる食品保存方法を考案しました。これが低温殺菌（パストゥーリゼーション）です。

BLOC ① 受動態 *Voix passive*

🔊 3-51

■作り方 *Construction*

être ＋ 他動詞の過去分詞（＋ par（de））＋ 動作主

受動態　Julie **est invitée** par mon ami.

能動態　Mon ami　invite　Julie.
　　　　主語　　　　　　　直接目的

La grammaire **est enseignée** par un jeune professeur.
文法は若い先生によって教えられます。（現在）

Ce scientifique **était respecté** de tout le monde.
この科学者はみんなに尊敬されていた。（半過去）

Ce médicament **a été interdit** de vente.
この薬は販売が禁止された。（複合過去）

・過去分詞は主語と性数一致します。
・継続的な状態・感情などの場合、動作主はparではなくdeによって導かれます。
・助動詞 être の時制が受動態の時制となります。

🔍 **Exercice 1.1**　どちらの文が受動態でしょう。
Dites laquelle des deux phrases est passive.

1) a. Il est allé manger.　　　　　b. Il a été mangé.
2) a. Tu m'as appelé.　　　　　　b. Tu es appelé.
3) a. Il l'a découverte.　　　　　b. Elle a été découverte.
4) a. Nous avons trouvé.　　　　b. Nous avons été trouvés.

🔍 **Exercice 1.2**　（　）内の動詞を指定された時制にし、受動態の文を作りましょう。
Complétez les phrases avec les verbes et les temps indiqués.

1) Elle (　　　) par mon histoire. [intéresser, 現在]
2) L'existence des bactéries (　　　) par Pasteur. [démontrer, 複合過去]
3) Ils (　　　) contre la rage. [vacciner, 半過去]
4) Ce repas (　　　) par un grand chef. [préparer, 複合過去]
5) Le maire (　　　) de tous les habitants. [connaître, 半過去]
6) L'église (　　　) pendant la guerre. [détruire, 大過去]

■用法 *Emploi*

🔊 3-52

間接目的補語を主語として受動文を作ることはできません。この点は英語と異なります。
　Agnès offre **un cadeau** à Lise. → ✕ Lise est offerte un cadeau par Agnès.
　アニエスはリズにプレゼントを贈る。　　→ ✓ **Un cadeau** est offert à Lise par Agnès.
能動文の能動文の主語が on など不特定な場合、受動文において動作主が明示されないことがある。
　On a construit cette usine il y a 80 ans. → Cette usine **a été construite** il y a 80 ans.
　この工場は80年前に造られた。

以下の文を受動態に書き換えましょう。 *Mettez les phrases à la voix passive.*

1) L'étudiant prête un stylo à un ami.
2) En 2022, les Français ont regardé la télévision pendant 3 h 26.
3) Chaque année 3 millions de touristes visitent le Mont Saint-Michel.
4) En 2035, l'Europe interdira la vente des voitures à moteurs thermiques.

■**受動的用法でよく使われる代名動詞** *Verbes pronominaux employés au sens passif*

フランス語では受動態は必ずしも好まれず、以下のような代名動詞でもって受動的意味を表現することがあります。（代名動詞の受動的用法→ L13, p.53）

s'écrire 書かれる　　　se prononcer 発音される　　　se dire 言われる　　　se vendre 売られる

se manger 食べられる　　s'acheter 買える　　　　　se voir 見られる

🔍 **Exercice 1.4**　適切な代名動詞を用いて次の文を完成させましょう。
Complétez les phrases suivantes par le verbe pronominal qui convient.

1) La tour Eiffel ne _____ pas de mon appartement.
2) Beaucoup de mots comme « table » ou « DVD » _____ de la même façon en anglais et en français.
3) Où est-ce que ça _____ , les timbres ? À la poste ?
4) En France, le fromage _____ toujours avec du pain.

🐾 以下のような文も受動態とは別の形で表現されることがあります。
On m'a volé mon portefeuille. 私は財布を盗まれた。

BLOC ② 中性代名詞 en ② *Pronom neutre en ②* 🔊 3-53

■**不定冠詞複数形（des）や部分冠詞（du, de la, de l'）＋名詞（人／もの）**

Avez-vous des tomates ?　— Oui, j'**en** ai. トマトはありますか？— はい、ありますよ。
Tu veux du pain ?　— Non, je n'**en** veux plus. パンを欲しい？— いいえ、もう欲しくありません。

■**数詞（un(e), deux...）＋名詞（人／もの）**

As-tu acheté une montre ?　— Oui, j'**en** ai acheté une. 腕時計を 1 つ買ったの？— はい、1 つ買いました。

🐾 複合時制でも過去分詞は en が指すものの性数には一致しません。

■**数量副詞（beaucoup de, (un) peu de...）＋名詞（人／もの）**

Il reste encore du lait dans le frigo ?　— Oui, oui, il **en** reste beaucoup.

まだ牛乳が冷蔵庫に残っていますか？— はい、たくさん残っています。

💬 **Exercice 2.1**　中性代名詞 en を用いて質問に自由に答えましょう。
Répondez librement aux questions suivantes avec le pronom neutre en.

1) Y a-t-il du beurre dans le frigo ?

2) Avez-vous mangé des fruits ce matin ?

3) Vous prenez combien de sucres dans votre café ?

4) As-tu un peu d'eau ?

BLOC ③ 不定詞を用いた構文 *Propositions infinitives*

🔊 3-54

■ faire + 不定詞 ＋名詞句１（＋ à (par) ＋ 名詞句２）（使役）

C'est une histoire qui fait **rêver** les hommes. それは人びとに夢を見させる話だ。

Le professeur fait **lire** le texte aux (par les) étudiants. 先生はテクストを学生たちに読ませる。

🐾 faire が代名動詞として用いられるものに、se faire couper les cheveux（髪を切ってもらう）, se faire soigner（治療してもらう）, se faire voler（盗まれる）など、日常的によく使われる表現があります。
Il s'est fait couper les cheveux hier. 昨日、彼は髪を切ってもらった。

■ laisser + 不定詞 （放任）

Les parents **laissent jouer** leurs enfants.（不定詞が直接目的補語をもたないとき）
親は子どもたちが遊ぶままにしておく。

Les parents ne **laissent** pas leurs enfants **regarder** la télévision.（不定詞が直接目的補語をもつとき）
親は子どもたちがテレビを見るがままにしておかない。

■知覚動詞 + 不定詞

voir（見る・見える）, regarder（見る）, entendre（聞く・聞こえる）, écouter（聞く）, sentir（感じる）などの知覚動詞は、しばしば不定詞とともに用いられる。

Je n'**ai** pas **vu passer** l'étoile filante. 私は流れ星が通り過ぎるのを見なかった。

On **a entendu** quelqu'un **chanter** une vieille chanson. 私たちは誰かが古い歌を歌っているのを聞いた。

💬💬 **Exercice 3.1** 　使役、放任、または知覚動詞を用いた文を作りましょう。時制は問題文に合わせること。
Construisez des phrases avec faire + inf., laisser + inf. *ou* verbe sensoriel + inf.

Ex. : *Le visiteur entre. [le directeur, faire] → Le directeur fait entrer le visiteur.*
1) Les enfants partir. [les parents, faire]
2) Léa jouait de la guitare. [nous, entendre]
3) La maladie ne contaminera pas les habitants. [nous, laisser]
4) La colère est montée en lui. [Il, sentir]

BLOC ④ 強調構文 *Mises en évidence*

🔊 3-55

主語を強調する場合　　　→　**c'est...qui...**
主語以外を強調する場合　→　**c'est...que...**

Lucien a présenté Laure à Marc hier soir. 昨晩、リュシアンはマルクにロールを紹介した。
　1）　　　　　　　　2）　3）　　4）

1) 主語の強調

C'est Lucien **qui** a présenté Laure à Marc hier soir. 昨晩、マルクにロールを紹介したのはリュシアンだ。

2) 直接目的補語の強調

C'est Laure **que** Lucien a présentée à Marc hier soir. 昨晩、マルクがリュシアンに紹介したのはロールだ。（過去分詞と直接目的補語との性数一致 → L.16, p.66）

3）間接目的補語の強調

C'est à Marc **que** Lucien a présenté Laure hier soir. 昨晩、リュシアンがロールを紹介したのはマルクにだ。

4）状況補語の強調

C'est hier soir **que** Lucien a présenté Laure à Marc. リュシアンがマルクにロールを紹介したのは昨晩だ。

 強調すべき部分が代名詞のときは、強勢形を用います。

C'est moi qui ai présenté Laure à Marc hier soir. 昨晩、ロールをマルクに紹介したのは私だ。

Exercice 4.1　太字部分を強調する文に書き換えましょう。
Réécrivez les phrases en mettant en évidence les parties en gras.

1) **Vous** avez raison.
2) Un cadeau est offerte à Lise **par Agnès**.
3) **Louis Pasteur** a inventé la pasteurisation.
4) Le vaccin contre la rage a été inventée **en 1865**.

BLOC ⑤ 会話 *Conversation*

3-56

Tanguy :　Qu'est-ce qu'on est bien ici ! J'aime beaucoup la terrasse de ce café.

Brigitte :　Moi aussi. Mais ne laisse pas ton portable sur la table.

Tanguy :　Oui, il vaut mieux. Je risque de me le faire voler.

Brigitte :　Dans un mois, les examens... Au fait, tu t'es fait vacciner contre la grippe ?

Tanguy :　Non, pas encore. Pourquoi ?

Brigitte :　Ben, parce que pour moi, ça fait partie des préparatifs des examens.

タンギー：　ここはなんて気持ちがいいんだろう！このカフェテラスは本当に好きだ。
ブリジット：私も。でも、スマホをテーブルの上に置いておかないでね。
タンギー：　うん、置かない方がいいね。盗まれるかもしれないし。
ブリジット：あと1カ月で試験……。ところで、インフルエンザの予防接種は受けた？
タンギー：　いや、まだだけど、どうして？
ブリジット：まあ、なぜかというとそれも私にとっては試験の準備の一環だから。

 Exercice 5.1　会話を聞いてシャドーイングしましょう。 *Écoutez et répétez en faisant du shadowing.*

🇫🇷 シャンペンの考案 🇫🇷

ワインはローマ統治の頃からフランスで作られていましたが、濁りの不純物を除去した正真正銘の発泡性白ワインが考案されたのは、17世紀のシャンパーニュ地方でのことでした。この地方の気候の特徴のおかげでワインにわずかにしか色がつかない黒ブドウがすでに生産されていましたが、それまでの発泡性ワインを損ねていた見た目に悪い白濁の除去を可能にする方法はオーヴィレのベネディクト会の修道士のドン・ペリニヨン（1638～1715年）の功績によるものなのです。ドン・ペリニヨンは伝統的シャンペン圧搾機も作り、もっと耐久性のある英国製ガラス瓶にこの飲み物を保存することを決めました。シャンペンの誕生でした。

Les villes seront plus humaines et plus durables.

Entrée 3-57

Rennes, Strasbourg ou Nantes sont connues pour être agréables aux piétons. Paris ou Marseille, qui le sont moins, font des efforts pour l'être. Dans un proche avenir, la place des voitures sera moins importante, il y aura plus de zones piétonnières et de pistes cyclables. Espérons que les villes seront plus humaines et plus durables.

都市はより人間的で持続可能になるでしょう。レンヌ、ストラスブール、ナントは、歩行者にとって快適な都市として知られています。あまりそうでないパリやマルセイユも、快適な都市となるように努力しています。近い将来、自動車の地位はあまり重要視されなくなり、歩行者ゾーンやサイクリングロードが増えるでしょう。都市がより人間的で持続可能になることを期待しましょう。

BLOC 1 単純未来 *Futur simple*

■単純未来の作り方 *Formes du futur simple*

- 語幹は、一般に不定詞から作ります。

  aimer → j'aimer**ai**　　　　　finir → je finir**ai**

- ただし、-er（第1群規則）動詞で、語幹の母音交替をおこなうものは、直説法現在形1人称単数から作ります。

  acheter → j'achète → j'achète**rai**　　appeler → j'appelle → j'appelle**rai**

- 活用語尾：すべての動詞に共通 → -rai, -ras, -ra, -rons, -rez, -ront

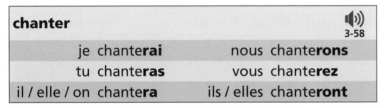

chanter	3-58
je chante**rai**	nous chante**rons**
tu chante**ras**	vous chante**rez**
il / elle / on chante**ra**	ils / elles chante**ront**

- r を除くと avoir の直説法現在の活用と似ています。
  → ai, as, a, (av)ons, (av)ez, ont

avoir	3-59
j' aurai	nous aurons
tu auras	vous aurez
il / elle aura	ils / elles auront

être	3-60
je serai	nous serons
tu seras	vous serez
il / elle sera	ils / elles seront

🔍 Exercice 1.1　直説法単純未来で活用させましょう。
Conjuguez les verbes au futur simple de l'indicatif.

1) aimer　　　　2) finir　　　　3) acheter　　　　4) appeler

- 単純未来の語幹には、不規則なものも多くあります。

不定詞		単純未来		不定詞		単純未来
faire	→	je ferai		prendre	→	je prendrai
pouvoir	→	je pourrai		vouloir	→	je voudrai

■単純未来の用法 *Emploi du futur simple*

3-61

1) 計画、予定、未来に起こることを表します。

Je **partirai** pour les États-Unis dans deux semaines.

私は2週間後にアメリカに向けて出発するだろう。

La construction de cette maison **prendra** un an et demi.

この家を作るには1年半かかるでしょう。

Quand **saurons**-nous le résultat de cette finale ？　(savoir → je saurai)

この決勝戦の結果はいつわかるのですか？

75

Exercice 1.2 音声を聞き、（　）内に適切な言葉を補いましょう。
Écoutez et complétez les phrases suivantes. 🔊 3-62

1) Demain, je (　　) de chez moi à huit heures, j' (　　) à la fac à neuf heures moins dix. Le cours d'économie (　　) dix minutes plus tard. À partir de treize heures trente, je (　　) à un débat sur les problèmes environnementaux.

2) « Nos projets pour les vacances ? Eh bien, pendant le mois d'août, nous (　　) dans l'ouest de la France. De Paris, nous (　　) la Seine jusqu'à Rouen. Nous (　　) bien sûr la célèbre cathédrale. Puis, nous (　　) par le Mont Saint-Michel, nous (　　) le tour de la Bretagne. Après ? On ne sait pas encore. On (　　) bien. »

2）2人称で依頼、軽い命令を表すことがあります。 🔊 3-63

Tu as besoin de quelque chose ? — Oui, tu me **rapporteras** du lait et du jus d'orange.
何か必要なものある？— そうね。牛乳とオレンジジュースを買って帰って。

Vous **viendrez** au restaurant vers huit heures. 8時頃レストランに来てください。

Exercice 1.3 音声を聞き、（　）内に適切な言葉を補いましょう。
Écoutez et complétez les phrases suivantes. 🔊 3-64

1) Vous (　　　　) à Monsieur Martin de partir aussi vite que possible.
2) Tu me (　　　　) ce qui s'est passé la semaine dernière.

3）Si + 直説法現在 + 直説法単純未来：未来の仮定　*Si + expression de la condition* 🔊 3-65

S'il **fait** beau demain, je **ferai** du tennis.（il(s) の前では、si → s'）
明日天気がよければ、私はテニスをします。

Si vous **voulez** goûter ma crème brûlée, je vous en **apporterai** la semaine prochaine.
私のクレーム・ブリュレの味を見たかったら、来週持ってきてあげますよ。

Exercice 1.4 音声を聞き、（　）内に適切な言葉を補いましょう。
Écoutez et complétez les phrases suivantes. 🔊 3-66

1) Si tu (　　), tu (　　) venir chez moi.
2) Si tu (　　) me croire, tu (　　) la même question à Raoul.
3) S'il (　　) dimanche, je (　　) faire du foot.
4) Si le réchauffement climatique (　　), nous (　　) encore plus de catastrophes.

BLOC **2** 直説法前未来 *Futur antérieur de l'indicatif*

■**直説法前未来の形** *Formes du futur antérieur de l'indicatif*

avoir または être の単純未来＋過去分詞

prendre	🔊 3-67	**sortir**	🔊 3-68
j' aurai pris		je serai sorti(**e**)	
tu auras pris		tu seras sorti(**e**)	
il aura pris		il sera sorti	
elle aura pris		elle sera sorti**e**	
nous aurons pris		nous serons sorti(**e**)**s**	
vous aurez pris		vous serez sorti(**e**)(**s**)	
ils auront pris		ils seront sorti**s**	
elles auront pris		elles seront sorti**es**	

助動詞としてavoirまたはêtreのいずれを用いるかは、すべての複合時制を通じて動詞によって決まっています。
→ 第16課参照。

■**直説法前未来の用法** *Emploi du futur antérieur de l'indicatif*

3-69

未来のある時点までに完了していると予想される事柄を表します。

Auras-tu **fini** ton travail à dix-huit heures ? 18 時に君は仕事を終えているかい？

Nous **serons parties** quand vous arriverez à la gare Saint-Charles.

あなたがサン＝シャルル駅に着くときには、私たちは出発しているでしょう。

> **Exercice 2.1**　（　　）内の動詞を単純未来、前未来のいずれかの適切な時制に書き直しましょう。
> *Mettez les verbes entre parenthèses au futur simple ou au futur antérieur.*

1) Sa blessure n'est pas grave. Léa (　　) quand nous (　　) la voir. [sortir de l'hôpital, aller]

   彼女の怪我は深刻ではない。私たちが会いに行くとき、レアは退院しているだろう。

2) Lorsque Théo (　　) ses études, il (　　) habiter cette ville. [terminer, venir]

   テオが学業を終えたとき、彼はこの街に住みに来るだろう。

BLOC 3 目的語人称代名詞の併用 *Pronoms personnels compléments : doubles pronoms*
3-70

直接目的補語 3 人称の代名詞は、間接目的補語代名詞とともに用いることができます。

• 間接目的補語が 1 人称、2 人称のとき

　　Léa **m**'a écrit cette lettre. → Léa **me l**'a écrite. レアは私にこの手紙を書いた。

　　Léa **vous** a écrit cette lettre. → Léa **vous l**'a écrite.

　　Quand j'aurai lu ce livre, je **te le** prêterai. この本を読んだら、君に貸してあげよう。

• 間接目的補語が 3 人称の時

　　Léa **lui** a écrit cette lettre. → Léa **la lui** a écrite. レアは彼(女)にこの手紙を書いた。

　　Quand j'aurai lu ce livre, je **le leur** prêterai. この本を読んだら、彼らに貸してあげよう。

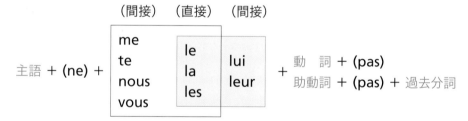

→　【覚え方】直接目的語人称代名詞を基準にして、| **1、2 が前で 3 が後ろ！** |

 ただし、肯定命令文の語順はつねに以下のようになります。

　　Donne ce jouet **à Marco**. → Donne-le-**lui**. このおもちゃをマルコにあげなさい。

　　Prête-**moi** ton portable. → Prête-le-**moi**. 君の携帯電話を私に貸してくれ。

> **Exercice 3.1**　下線部に目的語人称代名詞を用いて全文を書き直しましょう。
> *Réécrivez les phrases suivantes en employant les pronoms complément d'objet.*

1) J'offrirai cette montre intelligente à mon père.

2) Nous enverrons ces paquets à nos amis.

3) Offrons ces fleurs à Camille.

4) Rends-moi le stylo. J'en ai besoin.

BLOC **4** 関係代名詞 dont *Pronom relatif* dont

de + 先行詞（人・もの）の代わりに用いられます。英語の whose, of which などに相当します。

C'est une actrice célèbre. 有名な女優です。

Les films **de cette actrice** ont eu beaucoup de succès. この女優の映画は大ヒットしました。

→ C'est une actrice célèbre **dont** les films ont eu beaucoup de succès.

J'ai acheté la dernière bande dessinée de cet auteur. このマンガ家の最新マンガを買いました。

On parle beaucoup de la dernière bande dessinée **de cet auteur**. このマンガ家の最新マンガが話題になっています。

→ J'ai acheté la dernière bande dessinée de cet auteur **dont** on parle beaucoup.

🔍 **Exercice 4.1**　　dont を用いて 2 つの文を 1 つにしましょう。　*Reliez les deux phrases en utilisant « dont ».*

1) Je connais bien cette ville. L'histoire de cette ville est très intéressante.
2) Visitez ces monuments. Les habitants sont très fiers de ces monuments.
3) Voilà le parc. Vous m'avez dit beaucoup de bien de ce parc.
4) Regardez ce restaurant. La réservation de ce restaurant est très difficile.

BLOC **5** 会話 *Conversation*

Kenzo : C'est compliqué d'aller chez Alex en métro.
Il faudra changer plusieurs fois.

Ahmad : Ah bon ? Alors tu iras comment chez lui ?

Kenzo : Je prendrai ma bicyclette. Ce sera plus rapide.

Ahmad : Tu crois ? Je parie un verre que c'est moi qui arriverai le premier.

Kenzo : D'accord ! Merci pour la boisson !

Ahmad : Que tu es pressé ! « Rira bien qui rira le dernier » !

ケンゾ：　　　アレックスの家に地下鉄で行くのは面倒だ。何回も乗り換えなければならない。
アーマッド：　そうか？ では君はどうやって行く？
ケンゾ：　　　自転車で行くよ。その方が早いだろう。
アーマッド：　そう思う？ ぼくが最初に着くほうに一杯賭けるよ。
ケンゾ：　　　了解！ 飲み物の礼を言うよ！
アーマッド：　なんて気が早いんだ！「よく笑うのは最後に笑う者」さ！

💬 **Exercice 5.1**　　会話を聞いてシャドーイングしましょう。　*Écoutez et répétez en faisant du shadowing.*

🇫🇷 「メトロポール・デュ・グラン・パリ」計画 🇫🇷

東京 23 区の面積が 622 平方キロメートルであるのに対して、行政区域としてのパリ市の面積は 105 平方キロメートル。ヨーロッパのなかでも最も狭い首都の一つです。ルーヴル宮殿から出発して、右巻のカタツムリのように 20 の区が配置されていますが、そのすべては 1844 年に完成され、いまでは環状道路となっている城壁の内部に収められています。実際の首都機能は、より広い首都圏なしにはありえないので、2010 年に「グラン・パリ法」が制定され、より有機的に組織されたパリ大都市圏の整備が始まりました。他方で、パリ市はヨーロッパで最も緑豊かな都市となるために、2030 年までに市の 50％を緑化することを目指しています。また、2014 年以降、1500 キロメートルのサイクリングロードを建設し、いくつもの目抜き通りで自動車の通行を制限ないし禁止しました。かつて、ヴァルター・ベンヤミンが「19 世紀の首都」と呼んだ石造りの都パリは、大きく変貌しつつあるようです。

En y regardant de plus près.

Entrée
3-73

Ayant un peu de temps avant l'arrivée de ma belle-mère, j'ai décidé de faire le ménage. En passant la tête de l'aspirateur sous le canapé du salon, j'ai senti quelque chose qui bougeait. En y regardant de plus près, j'ai découvert une famille de hérissons qui dormaient ensemble.

私の義理の母が到着するまでに少し時間があったので、私は掃除をすることに決めた。長イスの下に掃除機のヘッドを入れたとき、何かが動くのを感じた。より近くから見てみると、一緒に眠っているハリネズミの家族を私は見つけた。

BLOC 1 　現在分詞 *Participe présent*

3-74

■現在分詞の作り方 *Construction*

> 直説法現在 **nous** の活用形の語幹 ＋ -ant

aimer – nous **aim**ons → aim**ant**　　　　sortir – nous **sort**ons → sort**ant**

語幹の例外

　être → **étant**　　　　　avoir → **ayant**　　　　savoir → **sachant**

 **Exercice 1.1** 　次の動詞の現在形から語幹を見つけて現在分詞を作りましょう。
Construisez le participe présent.

1) penser　　　　2) manger　　　　3) choisir　　　　4) partir
5) lire　　　　　6) croire　　　　　7) devoir　　　　8) faire

■現在分詞の用法 *Emploi*

1)　主語以外の名詞を修飾する（形容詞的用法）

C'est **un étudiant s'intéressant** à la culture française. フランス文化に興味がある学生です。
　　(= C'est un étudiant qui s'intéresse à la culture française.)

2)　直接目的補語の属詞

J'ai rencontré **une fille chantant** dans la rue. 私は通りで歌う少女に出会った。

3)　主語の同格として、理由・条件・同時性・対立を表す。

Étant souffrante, elle n'ira pas à l'école. 体調が悪いので、彼女は学校には行かない。（理由）
　　(= Comme elle est souffrante... Parce qu'elle est souffrante...)
Partant tout de suite, tu arriveras à l'heure. すぐに出発すれば、君は定刻に着けるだろう。（条件）
　　(= Si tu pars tout de suite...)

🐾 ・形容詞との現在分詞の違いに注意
　　　la météo très **changeante** de l'automne 秋の変わりやすい天気（形容詞）
　　　une personne **changeant** souvent d'avis 意見をころころ変える人（現在分詞）
　・形容詞と現在分詞ではスペルが微妙に異なる場合があります。
　　　émergent / émergeant　　　**fatigant** / fatiguant　　　**précédent** / précédant
　　　新興の/浮上する　　　　　　疲れさせる　　　　　　　　前の/先行する

 **Exercice 1.2** 　動詞から形容詞または現在分詞を作り、（ ）内に補いましょう。
Complétez avec un adjectif ou un participe présent.

1)　la semaine (　　　　　　) / la semaine (　　　　　　) Noël　　　　[précéder]
2)　une promenade (　　　　　　) les touristes / une journée (　　　　　　)　　[fatiguer]
3)　les candidats (　　　　　　) / les étudiants (　　　　　　) le cours　　　[suivre]

■現在分詞の複合形　*Forme composée du participe présent*

助動詞 avoir または être の現在分詞 ＋ 過去分詞

主節で表されたこと以前に完了した事柄を表します。

助動詞が être

→過去分詞は主語に性数一致

Ayant fait des progrès remarquables, elles ont été récompensées.

めざましい上達をとげたので彼女たちはほめられた。

N'**ayant** pas **été** présente ce jour-là, elle ne connaissait pas cette histoire.

その日いなかったので、彼女はこの話を知らなかった。

Étant rentrée trop tôt, cette fille a dû attendre longtemps devant la porte.

あまりに早く戻ったので、その少女は扉の前で長い間待っていなくてはならなかった。

S'étant réveillés tard, les garçons se sont dépêchés d'aller à l'école.

目が覚めるのが遅かったので、少年たちは学校に行くのに急いだ。

■絶対分詞構文　*Participe présent absolu*

分詞節が主節とは異なる主語をもち、多くの場合理由を表します。

Les bateaux **étant rentrés** de pêche, le marché aux poissons est plein de monde.

船が漁から帰ったので、魚市場は人であふれている。

 Exercice 1.3 　現在分詞を使ってもとの文を書き換えましょう。複合形のこともあります。

Allégez ces constructions avec un participe présent simple ou composé.

1) Puisque je pars ce soir, je ne participerai pas à cet événement.
2) Comme elle est riche, elle peut partir en vacances deux fois par an.
3) Comme je n'ai pas d'argent, je dois vendre mon vélo.
4) Après avoir fait les courses, mon frère a ensuite préparé le dîner pour toute la famille.
5) Comme elle s'est levée tôt, elle a pu attraper le bus de 6 heures.
6) Puisque nous ne nous sommes pas bien préparés, nous avons raté notre examen.

BLOC **2** ジェロンディフ　*Gérondif*

■作り方　*Construction*

en ＋ 現在分詞

Ma fille regarde la télévision **en mangeant**.

私の娘は食べながらテレビを見ています。

On apprend bien **en faisant** beaucoup d'exercices.

練習問題をたくさんすることでしっかり学ぶことができます。

aimer → en aimant	sortir → en sortant
être → en étant	avoir → en ayant
savoir → en sachant	

🐾　ジェロンディフの主語は常に主節の主語です。

J'ai rencontré **une fille** faisant une pétition. 署名運動をしている一人の少女に出会った。

J'ai rencontré **une fille** en faisant une pétition. 署名運動をしているときに一人の少女に出会った。

■ジェロンディフの用法　*Emploi*

ジェロンディフは同時性、手段、条件、対立などを表します。

1）同時

En arrivant à Tokyo, **je** vous envoie un SMS. 東京に着いたら SMS を送るよ。

2）条件・手段

En prenant la deuxième rue à droite, **vous** arriverez à l'hôpital. 二つ目の道を右に曲がると病院です。

3）理由・原因

Kévin est tombé **en courant** dans l'escalier. ケヴィンは階段で走って転倒した。

4）譲歩・対立

Ce journaliste pose sa question tout **en connaissant** déjà la réponse.

そのジャーナリストは答が分かっていながら質問をする。

 「〜しないで」を表す場合、sans を使うのが自然です。

Il parle sans bien réfléchir. 彼はあまり考えないで話す。

🔍 **Exercice 2.1**　ジェロンディフを用いて文を作りましょう。 *Faites une phrase avec le gérondif.*

Ex. : *lire / écouter de la musique* [je] → *Je lis en écoutant de la musique.*
1) attendre un train / bavarder [ils]
2) regarder le film / manger du pop-corn [nous]
3) chanter / jouer de la guitare [tu]
4) descendre les escaliers / courir [il]
5) faire la vaisselle / discuter [nous]
6) s'asseoir à la table du café / passer commande [elle]

🔍 **Exercice 2.2**　手段や方法を、ジェロンディフを用いて説明しましょう。 *Expliquez le moyen avec le gérondif.*

Ex. : *tu, étudier le vocabulaire / consulter le dictionnaire*
　　　 → *Comment tu étudies le vocabulaire ?　— En consultant le dictionnaire.*
1) tu, apprendre l'anglais / écouter des chansons anglaises
2) vous, analyser la situation / regarder les infos
3) il, réussir à maîtriser l'incendie / utiliser un extincteur
4) elles, informer leur famille de leur arrivée / lui envoyer un SMS

BLOC ③ 所有代名詞 *Pronoms possessifs* 3-77

男性単数	男性複数	女性単数	女性複数	
le mien	les miens	la mienne	les miennes	私のもの
le tien	les tiens	la tienne	les tiennes	君のもの
le sien	les siens	la sienne	les siennes	彼・彼女のもの
le nôtre	les nôtres	la nôtre	les nôtres	私たちのもの
le vôtre	les vôtres	la vôtre	les vôtres	あなた（たち）のもの
le leur	les leurs	la leur	les leurs	彼ら・彼女らのもの

Mes livres sont ici, **les vôtres** là. (= vos livres) 私の本はここで、あなたの（本）はそこだ。

Tous les parapluies sont à l'entrée du magasin sauf **le mien** ! (= mon parapluie)

私の（傘）を除いてすべての傘は店の入口にある。

 所有形容詞と異なり所有代名詞の1人称・2人称複数ではアクサンがつきます。

Votre père et le nôtre sont très amis. あなたのお父さんと私たちの（父）はとても仲がいい。

🔍 **Exercice 3.1**　所有代名詞を用いて書きましょう。 *Faites une conversation avec un pronom possessif.*

Ex. : *visiter : ton appartement / son appartement*
　　　 → *Je n'ai pas visité ton appartement. J'ai visité le sien.*
1) conduire : ta voiture / sa voiture
2) prendre : votre place / ma place
3) rencontrer : sa sœur / leur sœur
4) lire : tes livres / nos livres

■前置詞 + qui (先行詞は「人」にかぎる)

L'homme avec qui j'ai dansé était un danseur professionnel. 私が一緒に踊った方はプロのダンサーでした。

■前置詞 + lequel, laquelle, lesquels, lesquelles (先行詞は原則として「もの」)

La cérémonie à laquelle j'ai assisté était grandiose. 私が出席した式典は壮麗でした。
La personne à laquelle j'ai parlé était très gentille. 私が話しかけた人はとても親切でした。
Je ne connais pas **la raison** pour laquelle il n'a pas répondu. 彼が答えなかった理由を私は知りません。

■前置詞 + quoi (先行詞は「こと」。ce, rien, chose または先行する文の内容)

C'est **ce** à quoi je pensais toute la journée. それは私が一日中考えていたことだ。
Léa a un avis différent, en quoi elle a peut-être raison.

レアは違う意見を持っているが、その点で彼女は正しいかもしれない。

💬 **Exercice 4.1** [ ]の中の指示を用いて、パーティーで話をした人の描写をしましょう。
Faites des phrases avec les pronoms relatifs.

Ex : *[la fille, lequel, gentil]* → *La fille à laquelle j'ai parlé à la soirée était gentille.*
1) [le garçon, qui, charmant]
2) [les personnes, lequel, sportif]
3) [les garçons, lequel, beau]
4) [les filles, lequel, méchant]

BLOC 5 会話 *Conversation* 🔊 3-79

Yoshi : Dis, ta mère, elle fait toujours le ménage en chantant, n'est-ce pas ?
Betty : Oui, elle apprend les paroles en écoutant la radio. Elle aime bien chanter.
Yoshi : Eh ! Tu lui as demandé de ne plus aller à la chorale tout en sachant qu'elle aime chanter !
Betty : En chantant trop fort à la chorale, elle risque de se casser la voix. Ce n'est pas bien.
Yoshi : Tu as raison. Ma mère, elle, ayant fait du karaoké, elle a perdu sa voix.
Betty : Mince !

ヨシ： ねえ、君のおかあさん、いつも歌いながら家事をしていない？
ベティ： そうよ。ラジオを聞きながら歌詞を覚えるの。歌うのがとても好きなのよ。
ヨシ： じゃあ、君はお母さんが歌うのが好きだと知っていながら、コーラスに行かないようにってお願いしたんだ。
ベティ： コーラスで大声で歌うと、のどを悪くするかもしれないわ。それはだめよ。
ヨシ： たしかにそうだ。ぼくの母親はカラオケをして、声が出なくなったんだ。
ベティ： あら大変。

💬 **Exercice 5.1** 会話を聞いてシャドーイングしましょう。 *Écoutez et répétez en faisant du shadowing.*

🇫🇷 フランス語のことわざ 🇫🇷

フランス語には多くのことわざがあり、よりよい人生を送るためのヒントを与えてくれます。ジェロンディフを用いた表現としてもよく知られているのが « C'est en forgeant qu'on devient forgeron. »「鉄を鍛えてこそ鍛冶屋になる」すなわち「習うより慣れよ」です。このことわざでは種類の異なる鼻母音が多くあることが特徴的です (\s_ɛ.t_ɑ̃ fɔʁ.ʒɑ̃ k_ɔ̃ də.vjɛ̃ fɔʁ.ʒə.ʁɔ̃\)。「〜しなくてはならない」の文型である « il faut » もことわざに頻出し、« Il faut manger pour vivre, et non vivre pour manger. »「生きるためには食べなくてはならないが、食べるために生きるのではない」などが例として挙げられます。

Il faut que j'y aille !

Entrée 🔊 3-80

Parité hommes-femmes : elle progresse à l'école, au travail. Mais à la maison ?
D'après un sondage réalisé par l'INSEE en 2020, 53 % des femmes de plus de 25 ans étaient diplômées du supérieur, contre 46 % des hommes. Les entreprises françaises comptaient de plus 43 % de femmes cadres. Cependant, les femmes consacraient encore 3 h 30 par jour aux tâches domestiques, contre seulement 2 h pour les hommes.

学校、職場では男女平等・・・では家庭では？国立統計経済研究所が2020年に行った調査によると、25歳以上の女性の53％が高等教育を修了しているのに対して、男性は46％でした。フランスの企業の管理職の43％以上が女性です。しかしながら女性が家事に日に3時間30分を割いているのに対して、男性はたったの2時間にすぎません。

BLOC 1　接続法現在　*Subjonctif présent*

■接続法現在の作り方　*Formes du subjonctif présent*

- 語幹は原則として直説法現在3人称複数（ils / elles）
- nous, vous では原則として直説法半過去と同じ形です。prendre, venir, voir のようにその原則が語幹の原則に優先されることがあります。

finir 🔊 3-81
que je **finisse**
que tu **finisses**
qu'il / elle **finisse**
que nous **finissions**
que vous **finissiez**
qu'ils / elles **finissent**

venir 🔊 3-82
que je **vienne**
que tu **viennes**
qu'il / elle **vienne**
que nous **venions**
que vous **veniez**
qu'ils / elles **viennent**

・接続詞 que とともに用いられることが多いので、que と一緒に覚えましょう。

 特殊な語幹をとる動詞。faire, pouvoir, savoir は nous, vous の活用形も直説法半過去と異なります。
- aller : que j'aille, que tu ailles, qu'il / elle aille, que nous allions, que vous alliez, qu'ils / elles aillent
- vouloir : que je veuille, que tu veuilles, qu'il / elle veuille, que nous voulions, que vous vouliez, qu'ils / elles veuillent
- faire : que je fasse, que tu fasses, qu'il / elle fasse, que nous fassions, que vous fassiez, qu'ils / elles fassent
- pouvoir : que je puisse, que tu puisses, qu'il / elle puisse, que nous **puissions**, que vous **puissiez**, qu'ils / elles puissent
- savoir : que je sache, que tu saches, qu'il / elle sache, que nous **sachions**, que vous **sachiez**, qu'ils / elles sachent

 avoir と être は例外です。
- avoir : que j'aie, que tu aies, qu'il / elle ait, que nous ayons, que vous ayez, qu'ils / elles aient
- être : que je sois, que tu sois, qu'il / elle soit, que nous soyons, que vous soyez, qu'ils / elles soient

Exercice 1.1 次の動詞をすべての人称で接続法現在に活用させましょう。
Conjuguez les verbes suivants au subjonctif présent à toutes les personnes.

1) appeler　　　2) réussir　　　3) partir　　　4) devenir

■接続法現在の用法　*Emplois du subjonctif présent*

一般に直説法が現実を記述・提示するのに対し、接続法は事柄を主観的に捉え、何らかの感情を交えて提示する際に用います。
　Je veux que Léa vienne. 私はレアに来てほしい。（接続法）
　Je crois que Léa viendra. 私はレアが来ると思う。（直説法）

1) 主節が意志、願望、必要性、可能性、疑惑、懸念などを表す動詞や表現を含む場合。

接続法とともに用いられる**動詞・表現**：avoir besoin（〜が必要である）、demander（要求する）、être heureux（嬉しい）、être triste（悲しい）、préférer（より好む）、souhaiter（願う）、vouloir（欲する）など。

Je **veux** que vous **lisiez** ce document. 私はあなたにこの文書を読んでほしい。（意志）

Nous **craignons** qu'il (ne) **pleuve**. 私たちは雨が降らないか恐れている。（懸念）（虚辞の ne）

2) 主節が非人称表現の場合。

接続法とともに用いられる**非人称表現**：il est dommage（残念である）、il est nécessaire（必要である）、il est possible（かもしれない）、il faut（ねばならない）、il suffit（十分である）、il vaut mieux（する方がよい）など。

Il faut que les hommes aussi **fassent** les tâches domestiques.

男性もまた家事をしなければならない。

Au Japon, **il est dommage** que peu de femmes **soient** cadres.

日本で女性管理職がわずかしかいないことは残念だ。

3) 主節の動詞が否定または疑問で、従属節で表された事柄の現実性が不確実な場合。

Je **ne pense pas** que vous **ayez** raison. 私はあなたが正しいとは思わない。

Croyez-vous que ce **soit** la vérité ? あなたはそれが真実だと思いますか？

4) 先行詞が最上級またはそれに準じる表現（le premier（最初の）, le dernier（最後の）, le seul（唯一の）など）の場合。

Chez Ginette est **le meilleur** restaurant que je **connaisse** dans ce quartier.

「シェ・ジネット」は私がこの地区で知っているうちで最もよいレストランだ。

Malheureusement, c'est **la seule** solution que je **puisse** te proposer.

残念ながら、それが君に提案できる唯一の解決法だ。

5) 譲歩、目的、条件などを表す接続詞に導かれる副詞句の場合。

接続詞とともに用いられる接続詞：à moins que（〜でないかぎり）、avant que（〜する前に）、bien que（〜にもかかわらず）、jusqu'à ce que（〜するまで）、où que（どこでも）、pour que（〜するために）、quoi que（何を〜しようとも）など

Rentrez avant qu'il (ne) **fasse** nuit.

暗くなる前に帰りなさい。（ne は否定の価値をもちません（虚辞の ne））

Le médecin fait des efforts pour que le malade **aille** mieux.

医師は、病人がよくなるよう努力をしている。

6) 独立節の場合。

que で導かれることからもわかるように、原則として接続法は独立節としては用いられません。しかし、命令や願望を表す際に独立節といて用いられることがあります。

Qu'il s'en aille ! 彼に出ていかせろ！

Qu'il fasse beau demain ! 明日天気が良くなりますように！

成句的表現には、que が省略されたものもあります。

Vive la France ! Vive la République ! フランス万歳！ 共和国万歳！

Exercice 1.2 以下の文の前に（　　）の表現をつけ、1つの文にしましょう。
Faites des phrases en subordonnant les phrases suivantes aux expressions entre parenthèses.

1) Vous faites cet exercice. (Je veux que...)
2) Nous sommes à l'heure. (Êtes-vous sûr que...)
3) Tu fais du jogging pour rester en forme. (Il faut que...)
4) Vous savez parler plusieurs langues. (Il vaut mieux que...)

Exercice 1.3 日本語の意味に合うようにフランス語の文を完成させましょう。 *Complétez les phrases en français de manière à ce que leur sens correspondent aux sens des phrases japonaises.*

1) (　　　　) que tu me (　　　　), je ne te croirai pas. [dire]
   君が何を言おうとも、私は君のことを信じないだろう。

2) (　　　　) qu'il (　　　　) tard, elle ne semble pas pressée de rentrer. [être]
   遅いにもかかわらず、彼女は急いで帰宅しようとはしないようだ。

3) Ne prenons pas trop la voiture, (　　) que les villes (　　) plus humaines. [devenir]
   都市がより人間的になるように、あまり車に乗るのはやめよう。

4) Chauffez (　　　　) que le fer (　　　　) rouge. [devenir]
   鉄が赤くなるまで熱してください。

BLOC 2 直接話法／間接話法 *Discours direct et indirect* 🔊 3-84

人が言った言葉をそのまま伝えるのが直接話法、話し手が自分の言葉に置き換えて伝えるのが間接話法です。話し手の人称によっては、伝える言葉の人称が変化します。（従属節の代名詞が主節によって変わることがあります。）

Elle dit : « Je suis française ». → Elle dit qu'elle est française.

■間接話法の作り方 *Construire le discourt indirect*

1) 平叙文： que + 従属節

Il dit : « Plus de femmes travaillent en France. »
→ Il dit **que** plus de femmes travaillent en France.

2) 疑問文： 直接話法が疑問詞を用いない場合 → si + 従属節

Elle me demande : « Es-tu libre ce week-end ? » → Elle me demande si je suis libre ce week-end.

直接話法が combien de, comment, où, pourquoi, quand, qui を用いている場合 → 同じ疑問詞 + 従属節
Je lui demande : « Qui êtes-vous ? » → Je lui demande qui il est.

直接話法が qu'est-ce qui, qu'est-ce que を用いている場合 → それぞれ ce qui, ce que + 従属節
Paul lui demande : « Qu'est-ce qui t'intéresse ? » → Paul lui demande ce qui l'intéresse.

3) 命令文： 命令法 → de + *inf*. (不定詞) (否定命令 → de + ne pas *inf*.)

L'enseignant dit : « Répétez à haute voix. » → L'enseignant dit de répéter à haute voix.
La mère demande aux enfants : « Ne faites pas trop de bruit ! » → La mère demande aux enfants de ne pas faire trop de bruit.

Exercice 2.1　以下の文を間接話法に書き換えましょう。　*Mettez les phrases suivantes au style indirect.*

1) Il nous conseille : « Couchez-vous avant minuit. »
2) Il me répond au téléphone : « Il y a beaucoup de monde dans ce quartier. »
3) Elle lui demande : « Pourquoi tu ne viens pas avec nous ? »
4) Mon ami me demande : « Qui est cette jeune fille parlant avec le professeur ? »

BLOC ③ 会話 *Conversation*

🔊 3-85

Cléa : Bah, Aya, tu n'as pas l'air contente. Ça ne se passe pas bien ton nouveau travail ?

Aya : Pas vraiment : mon directeur veut que je quitte mon bureau à 18 h !

Cléa : Il refuse que tu travailles trop ? Bah, c'est plutôt bien, non ?

Aya : Oui et non, il attend de moi que je fasse tout mon travail quand même !

Cléa : Et alors, qu'est-ce que tu vas faire ?

Aya : Je ne sais pas. Ah, si ! Qu'il prenne de très longues vacances !

クレア：あら、アヤ、嬉しそうじゃないわね。新しい仕事、うまく行っていないの？
アヤ：　いまひとつね。部長は私が18時に退社してほしいというのよ。
クレア：あなたが仕事をしすぎるのを拒否するということ？　じゃあ、むしろいいじゃない。違う？
アヤ：　そうでもあり、そうでもなしね。早く退社しても私が仕事をぜんぶすることを期待しているの。
クレア：それで、どうするの？
アヤ：　わからないわ。いや、わかった！　彼がとても長いヴァカンスをとりますように！

💬 **Exercice 3.1**　会話を聞いてシャドーイングしましょう。　*Écoutez et répétez en faisant du shadowing.*

💬 **Exercice 3.2**　この会話を例に、「上司」を父、家族、弟、妹などに置き換えて、周囲の期待について話しましょう。例えば、将来の仕事、勉強、スポーツなどについて話すことができます。
Sur le modèle de ce dialogue, parlez des attentes de votre entourage en remplaçant « mon directeur » par « mon père », « ma famille », « mon frère », « ma sœur », etc. Vous pouvez, par exemple, parler de votre futur travail, de vos études, de sport, etc.

Ex. : *Mon père **voudrait que** je sois médecin.*

🇫🇷 135 ユーロのバゲット！ 🇫🇷

コロナ危機の間、フランスではウイルスの蔓延を抑えるために前例のない外出禁止期間が課せられました。 その状況は、デジタル ディバイド（テクノロジーのアクセスをめぐる不平等）という大きな問題を顕在化させました。 フランスの人口の約13％はインターネットにアクセスできず、リモートワークや児童や学生のオンライン学習がむずかしい状態にあったのです。
フランス人は、食料品の買い出しやリモートワークが不可能な場合の仕事など必要不可欠な目的でのみ外出を許可されていました。外出は証明書によって正当化される必要があり、規則に反した場合は最高 135 ユーロの罰金が科せられました。外出理由が認められず罰金を徴収されたため、バゲット１本が135 ユーロかかってしまった例もあったそうです！

Je voudrais vous parler de l'Union européenne.

Entrée 3-86

Si la construction européenne n'existait pas, comment serait la France d'aujourd'hui ? Il est difficile de l'imaginer. La monnaie unique n'existerait pas, il faudrait acheter des marks pour aller en Allemagne. L'espace Schengen ne serait pas créé, il faudrait passer des contrôles à chaque frontière. Il y aurait moins de gens qui se pensent « Européens ».

欧州連合がなければ、今日フランスはどうなっているでしょうか？ それを想像するのはむずかしいことです。単一通貨は存在せず、ドイツに行くためにマルクを買わなければならないでしょう。シェンゲン空間は創設されず、すべての国境で審査を受けなければならないでしょう。自分は「ヨーロッパ人」であると考える人ももっと少ないはずです。

BLOC 1 　条件法現在の作り方　*Formes du conditionnel présent*

aimer		🔊 3-87
j' aimer**ais**	nous aimer**ions**	
tu aimer**ais**	vous aimer**iez**	
il / elle aimer**ait**	ils / elles aimer**aient**	

être		🔊 3-88
je ser**ais**	nous ser**ions**	
tu ser**ais**	vous ser**iez**	
il / elle ser**ait**	ils / elles ser**aient**	

🔍 **Exercice 1.1** 　条件法現在の作り方について、正しい時制を選びましょう。 *Choisissez.*

- 語幹は、直説法 現在・半過去・単純未来 と同じ。
- 活用語尾は、直説法 現在・半過去・単純未来 と同じ。

🔍 **Exercice 1.2** 　以下の動詞を条件法現在で活用させましょう。 *Conjuguez au conditionnel présent.*

avoir			🔊 3-89
j' _____	nous _____		
tu _____	vous _____		
il / elle _____	ils / elles _____		

faire			🔊 3-90
je _____	nous _____		
tu _____	vous _____		
il / elle _____	ils / elles _____		

🔍 **Exercice 1.3** 　以下の動詞の条件法現在を答えましょう。 *Écrivez le conditionnel présent des verbes suivants.*

不定詞	条件法現在	不定詞	条件法現在
acheter	j' _____	dire	vous _____
voyager	nous _____	pouvoir	il _____
finir	elles _____	venir	je _____
aller	vous _____	voir	ils _____
devoir	tu _____	vouloir	vous _____

BLOC 2 　条件法現在の用法　*Emplois du conditionnel présent*　🔊 3-91

■語気緩和　*Politesse, modération*

Je **voudrais** vous inviter à une fête. (← je veux) あなたをパーティーに招待したく存じます。

Vous **devriez** partir tout de suite. (← vous devez) すぐに出発すべきでしょう。

Il **faudrait** être un génie pour résoudre ce problème. (← il faut)
この問題を解くには天才でなくてはならないでしょう。

Il **vaudrait** mieux prendre un parapluie. (← il vaut mieux) 傘を持っていった方がよいでしょう。

Exercice 2.1　会話を聞き、条件法の動詞でもって文を完成させましょう。
Écoutez et complétez avec des verbes au conditionnel présent.

🔊 3-92

> Bonjour ! J'organise une fête vendredi. — Sébastien

Léa　Je (　　　) bien venir ! Mais je suis déjà prise. [vouloir]

> Alors, samedi ? Tu (　　　) libre ? [être] — Sébastien

Léa　Non plus. J'ai promis de dîner avec ma grand-mère.

> Non, non ! On se (　　　) à midi. C'est un barbecue. [voir] — Sébastien

Léa　Super ! Dans ce cas, il n'y (　　　) pas de problème ! [avoir]

■ **事実に反する仮定**　*Hypothèse sur le présent*

🔊 3-93

si + 直説法半過去　+　条件法現在

Si nous avions le temps, nous **irions** vous voir. （私たちに）時間があるなら、あなたに会いに行くのだが。

← Si nous avons le temps, nous irons vous voir. 時間があれば、あなたに会いに行きます。

Si j'étais riche, j'**achèterais** une belle maison. お金持ちだったら、立派な家を買うのだが。

Exercice 2.2　例に従って文を作りましょう。　*Faites des phrases en suivant l'exemple.*

Ex : *faire beau aujourd'hui / jouer au foot* [nous]

　　　→ *S'il faisait beau aujourd'hui, nous jouerions au foot.*

1) avoir une grande fortune / aller jusqu'à la Lune [je]
2) avoir des idées innovantes / créer une entreprise [vous]
3) savoir faire rire / devenir comédienne [elle]
4) être vous / ne pas boire autant [je]

同じような表現は、「副詞句 + 条件法現在」でも可能です。

　À votre place, je ne **prendrais** pas le taxi. あなたの立場だったら、タクシーには乗らないでしょう。

　Sans ton aide, je ne **réussirais** jamais à traduire ce texte.

きみの助けなしには、私は決してこの文章を訳し終えられないでしょう。

Exercice 2.3　前後を適切に結びつけ、文を作りましょう。　*Associez les parties correspondantes.*

1) Sans votre intelligence,
2) Avec plus de soleil et moins de pluie,
3) À ta place,
4) Avec un peu de bonne humeur,
5) Dans ce costume,

a) tout irait mieux !
b) j'irais voir le professeur.
c) on lui donnerait dix ans de plus.
d) le coupable ne pourrait être trouvé.
e) les raisins seraient meilleurs.

■ **推定、伝聞**　*Présupposition, nouvelle incertaine*

Cela prendrait deux heures pour aller d'ici jusqu'à Lyon. ここからリヨンに行くのに 2 時間かかることでしょう。

Selon les témoins, il y aurait plusieurs blessés dans cet accident.

目撃者によれば、この事故で複数の怪我人が出ているようです。

■ **過去における未来（時制の一致）**　*Futur du passé (concordance des temps)*

主節が過去時制の文の従属節において、過去における未来を表します。

Il m'**a dit qu'il arriverait en retard**. 彼は遅れると私に言った。

← Il m'**a dit** : « J'arriverai en retard. »

Elle lui **a demandé s'il viendrait au cours du lundi**. 彼女は彼に月曜日の授業に来るか尋ねた。

← Elle lui **a demandé** : « Tu viendras au cours du lundi ? »

間接話法における副詞の照応：主節が過去形の場合の時を表す副詞

hier → la veille	la semaine dernière → la semaine précédente
aujourd'hui → ce jour-là	la semaine prochaine → la semaine suivante
demain → le lendemain	dans deux jours → deux jours plus tard

 間接話法における副詞の照応：主節が過去形の場合の時を表す副詞

ici → là	ce pays → ce pays-là

Exercice 2.4 以下の文を間接話法に直し、時制を一致させましょう。
Mettez les phrases suivantes au style indirect.

1) Il m'a appris : « Ma sœur va étudier en France à partir du mois prochain. »

2) Tu leur as demandé : « Vous serez libre cet après-midi ? »

3) Vous lui avez dit : « Il fera chaud et il y aura du soleil demain. »

4) Je pensais : « J'irai voir mes amis ce week-end. »

Exercice 2.5 （　）内の時制を条件法現在に書き換えましょう。
Mettez les verbes entre parenthèses au conditionel présent.

Je (vouloir) vous présenter *La planète des singes* du Français Pierre Boulle, publié en 1963. Dans ce roman, les hommes (ne plus être) maîtres du monde et (être) dominés par les singes. Selon l'auteur, il (s'agir) moins d'un roman de science-fiction qu'un conte philosophique pour poser des questions sur la xénophobie, le racisme ou les relations homme-animal. Il n'imaginait pas que son roman (donner) naissance à une série de films très populaires.

1963 年に出版されたフランス人ピエール・ブールによる『猿の惑星』をご紹介したいと思います。この小説では、人間はもはや世界の主人ではなく、類人猿に支配されているとされています。著者によれば、この作品は SF 小説というよりも、排外主義、人種主義、人間と動物の関係などについて問いかける哲学的な物語だとのことです。彼は、自分の小説からとても人気のある映画のシリーズが生まれるとは想像していませんでした。

BLOC ③ 条件法過去 *Conditionnel passé*

■条件法過去の作り方 *Construction du conditionnel passé*

① avoir の条件法現在形＋過去分詞 j'aurais dansé, tu aurais dansé, ...
② être の条件法現在形 ＋過去分詞 je serais arrivé(e), tu serais arrivé(e), ...

■条件法過去の用法 *Emploi*

1) 語気緩和 *Politesse, modération*

3-94

Vous **auriez dû** partir tout de suite. あなたはすぐに出発すべきでした。
Il **aurait fallu** être un génie pour résoudre ce problème.

この問題を解くには天才でなけれならなかったでしょう。

2）過去の事実に反する仮定 *Hypothèse sur le passé*

si ＋ 直説法大過去 ＋ 条件法過去

Si nous **avions eu** le temps, nous **serions venus** vous voir.

私たちに時間があったなら、あなたに会いに来たでしょうに。

Si j'**avais été** riche, j'**aurais acheté** une belle maison dans le Périgord.

お金持ちだったら、ペリゴール地方に立派な家を買っていたでしょうに。

3）推定、伝聞 *Présupposition, nouvelle incertaine*

Cela **aurait pris** 2 heures pour aller d'ici jusqu'à Lyon.

ここからリヨン に行くのに 2 時間かかったでしょうに。

Selon les témoins, il y **aurait eu** plusieurs blessés dans cet accident.

目撃者によれば、この事故で複数の怪我人が出たようです。

4）過去における未来（時制の一致） *Futur du passé (concordance des temps)*

Elle a dit qu'elle **aurait fini** son travail à 6 heures. 彼女は、6時に仕事を終えているだろうと言った。

BLOC 4 会話 *Conversation*

3-95

Tanguy : Si l'Union européenne n'existait pas, tu sais ce qu'il faudrait faire pour aller en Allemagne, par exemple ?

Brigitte : Il faudrait avoir un passeport et passer par des contrôles aux frontières.

Tanguy : Oui. Il y a longtemps qu'on ne fait plus ça.

Brigitte : Et si l'euro n'existait pas, acheter des Deutsche Marks serait nécessaire.

Tanguy : C'est vrai ! Et si les États-Unis d'Europe existaient...

Brigitte : Mais, ce n'est pas pour demain.

Tanguy : D'accord. Je sais qu'on dit : « Avec des si, on mettrait Paris en bouteille » !

タンギー： もし欧州連合が存在しなかったら、たとえばドイツに行くときに何をしなければならないか知っている？
ブリジット： パスポートを携帯して、国境で審査を受けなければならないわ。
タンギー： そうなんだ。そんなことしなくなってからずいぶん経つね。
ブリジット： ユーロが存在しなかったら、ドイツ・マルクに両替することが必要になるでしょうね。
タンギー： 本当だ！ で、ヨーロッパ合衆国が存在していたら……。
ブリジット： でも、明日にも実現するわけではないわね。
タンギー： そうだね。「『もしも、もしも』と言っていると、パリを瓶詰にできてしまう」*という言葉もあるしね。
＊仮定ばかり積み重ねると、非現実的な結論にいたるという意味。

Exercice 4.1 会話を聞いてシャドーイングしましょう。 *Écoutez et répétez en faisant du shadowing.*

🇫🇷 ヨーロッパ連合 🇫🇷

ヨーロッパ連合は、第 2 次世界大戦後、持続的な平和を求める願望から出発しています。1952 年に欧州石炭鉄鋼共同体が発足し、1958 年には欧州経済共同体が設立されます。参加国は当初の 6 カ国から、冷戦終結前夜の 1986 年には 12 カ国になり、1993 年の欧州連合が成立すると、加盟国は最大 28 カ国まで増えました。2002 年に単一通貨ユーロの流通が始まり、現在では 19 の加盟国で使用されています。当初は経済的性格の強い共同体でしたが、「コペンハーゲン基準」によって加盟国に民主主義と人権をめぐる基準を定めています。死刑廃止が加盟の条件となっているのも、その一つの表れです。2020 年にイギリスが離脱するなど紆余曲折がありますが、ヨーロッパ高等教育圏の創設など、域内の人的交流も盛んになりました。「ヨーロッパは 1 日にして成らず」ですが、今後もその壮大な実験を見守る必要があるでしょう。

動 詞 変 化 表

I. aimer
II. arriver
III. être aimé(e)(s)
IV. se lever

1. avoir
2. être
3. parler
4. placer
5. manger
6. acheter
7. appeler
8. préférer
9. employer
10. envoyer
11. aller
12. finir
13. partir
14. courir
15. fuir
16. mourir

17. venir
18. ouvrir
19. rendre
20. mettre
21. battre
22. suivre
23. vivre
24. écrire
25. connaître
26. naître
27. conduire
28. suffire
29. lire
30. plaire
31. dire
32. faire

33. rire
34. croire
35. craindre
36. prendre
37. boire
38. voir
39. asseoir
40. recevoir
41. devoir
42. pouvoir
43. vouloir
44. savoir
45. valoir
46. falloir
47. pleuvoir

不定形・分詞形	直　　説　　法		
I. aimer aimant aimé ayant aimé （助動詞　avoir）	現　　　在 j'　　aime tu　　aimes il　　aime nous　aimons vous　aimez ils　　aiment	半　過　去 j'　　aimais tu　　aimais il　　aimait nous　aimions vous　aimiez ils　　aimaient	単　純　過　去 j'　　aimai tu　　aimas il　　aima nous　aimâmes vous　aimâtes ils　　aimèrent
命　令　法 aime aimons aimez	複　合　過　去 j'　　ai　　aimé tu　　as　　aimé il　　a　　aimé nous　avons　aimé vous　avez　aimé ils　　ont　aimé	大　過　去 j'　　avais　aimé tu　　avais　aimé il　　avait　aimé nous　avions　aimé vous　aviez　aimé ils　　avaient　aimé	前　過　去 j'　　eus　aimé tu　　eus　aimé il　　eut　aimé nous　eûmes　aimé vous　eûtes　aimé ils　　eurent　aimé
II. arriver arrivant arrivé étant arrivé(e)(s) （助動詞　être）	複　合　過　去 je　　suis　arrivé(e) tu　　es　arrivé(e) il　　est　arrivé elle　est　arrivée nous　sommes　arrivé(e)s vous　êtes　arrivé(e)(s) ils　　sont　arrivés elles　sont　arrivées	大　過　去 j'　　étais　arrivé(e) tu　　étais　arrivé(e) il　　était　arrivé elle　était　arrivée nous　étions　arrivé(e)s vous　étiez　arrivé(e)(s) ils　　étaient　arrivés elles　étaient　arrivées	前　過　去 je　　fus　arrivé(e) tu　　fus　arrivé(e) il　　fut　arrivé elle　fut　arrivée nous　fûmes　arrivé(e)s vous　fûtes　arrivé(e)(s) ils　　furent　arrivés elles　furent　arrivées
III. être aimé(e)(s) 受動態 étant aimé(e)(s) ayant été aimé(e)(s)	現　　　在 je　　suis　aimé(e) tu　　es　aimé(e) il　　est　aimé elle　est　aimée n.　　sommes　aimé(e)s v.　　êtes　aimé(e)(s) ils　　sont　aimés elles　sont　aimées	半　過　去 j'　　étais　aimé(e) tu　　étais　aimé(e) il　　était　aimé elle　était　aimée n.　　étions　aimé(e)s v.　　étiez　aimé(e)(s) ils　　étaient　aimés elles　étaient　aimées	単　純　過　去 je　　fus　aimé(e) tu　　fus　aimé(e) il　　fut　aimé elle　fut　aimé e n.　　fûmes　aimé(e)s v.　　fûtes　aimé(e)(s) ils　　furent　aimés elles　furent　aimées
命　令　法 sois aimé(e) soyons aimé(e)s soyez aimé(e)(s)	複　合　過　去 j'　　ai　été aimé(e) tu　　as　été aimé(e) il　　a　été aimé elle　a　été aimée n.　　avons été aimé(e)s v.　　avez été aimé(e)(s) ils　　ont été aimés elles　ont été aimées	大　過　去 j'　　avais　été aimé(e) tu　　avais　été aimé(e) il　　avait　été aimé elle　avait　été aimée n.　　avions　été aimé(e)s v.　　aviez　été aimé(e)(s) ils　　avaient　été aimés elles　avaient　été aimées	前　過　去 j'　　eus　été aimé(e) tu　　eus　été aimé(e) il　　eut　été aimé elle　eut　été aimée n.　　eûmes été aimé(e)s v.　　eûtes été aimé(e)(s) ils　　eurent été aimés elles eurent été aimées
IV. se lever 代名動詞 se levant s'étant levé(e)(s)	現　　　在 je　me　lève tu　te　lèves il　se　lève n.　n.　levons v.　v.　levez ils　se　lèvent	半　過　去 je　me　levais tu　te　levais il　se　levait n.　n.　levions v.　v.　leviez ils　se　levaient	単　純　過　去 je　me　levai tu　te　levas il　se　leva n.　n.　levâmes v.　v.　levâtes ils　se　levèrent
命　令　法 lève-toi levons-nous levez-vous	複　合　過　去 je　me　suis　levé(e) tu　t'　es　levé(e) il　s'　est　levé elle　s'　est　levée n.　n.　sommes　levé(e)s v.　v.　êtes　levé(e)(s) ils　se　sont　levés elles se　sont　levées	大　過　去 j'　m'　étais　levé(e) tu　t'　étais　levé(e) il　s'　était　levé elle　s'　était　levée n.　n.　étions　levé(e)s v.　v.　étiez　levé(e)(s) ils　s'　étaient　levés elles s'　étaient　levées	前　過　去 je　me　fus　levé(e) tu　te　fus　levé(e) il　se　fut　levé elle　se　fut　levée n.　n.　fûmes　levé(e)s v.　v.　fûtes　levé(e)(s) ils　se　furent　levés elles se　furent　levées

直　説　法	条　件　法	接　　続　　法	

単　純　未　来 / 現　在 / 現　在 / 半　過　去

単　純　未　来	現　在	現　在	半　過　去
j'　aimerai	j'　aimerais	j'　aime	j'　aimasse
tu　aimeras	tu　aimerais	tu　aimes	tu　aimasses
il　aimera	il　aimerait	il　aime	il　aimât
nous　aimerons	nous　aimerions	nous　aimions	nous　aimassions
vous　aimerez	vous　aimeriez	vous　aimiez	vous　aimassiez
ils　aimeront	ils　aimeraient	ils　aiment	ils　aimassent

前　未　来	過　去	過　去	大　過　去
j'　aurai aimé	j'　aurais aimé	j'　aie aimé	j'　eusse aimé
tu　auras aimé	tu　aurais aimé	tu　aies aimé	tu　eusses aimé
il　aura aimé	il　aurait aimé	il　ait aimé	il　eût aimé
nous　aurons aimé	nous　aurions aimé	nous　ayons aimé	nous　eussions aimé
vous　aurez aimé	vous　auriez aimé	vous　ayez aimé	vous　eussiez aimé
ils　auront aimé	ils　auraient aimé	ils　aient aimé	ils　eussent aimé

前　未　来	過　去	過　去	大　過　去
je　serai arrivé(e)	je　serais arrivé(e)	je　sois arrivé(e)	je　fusse arrivé(e)
tu　seras arrivé(e)	tu　serais arrivé(e)	tu　sois arrivé(e)	tu　fusses arrivé(e)
il　sera arrivé	il　serait arrivé	il　soit arrivé	il　fût arrivé
elle　sera arrivée	elle　serait arrivée	elle　soit arrivée	elle　fût arrivée
nous　serons arrivé(e)s	nous　serions arrivé(e)s	nous　soyons arrivé(e)s	nous　fussions arrivé(e)s
vous　serez arrivé(e)(s)	vous　seriez arrivé(e)(s)	vous　soyez arrivé(e)(s)	vous　fussiez arrivé(e)(s)
ils　seront arrivés	ils　seraient arrivés	ils　soient arrivés	ils　fussent arrivés
elles　seront arrivées	elles　seraient arrivées	elles　soient arrivées	elles　fussent arrivées

単　純　未　来	現　在	現　在	半　過　去
je　serai aimé(e)	je　serais aimé(e)	je　sois aimé(e)	je　fusse aimé(e)
tu　seras aimé(e)	tu　serais aimé(e)	tu　sois aimé(e)	tu　fusses aimé(e)
il　sera aimé	il　serait aimé	il　soit aimé	il　fût aimé
elle　sera aimée	elle　serait aimée	elle　soit aimée	elle　fût aimée
n.　serons aimé(e)s	n.　serions aimé(e)s	n.　soyons aimé(e)s	n.　fussions aimé(e)s
v.　serez aimé(e)(s)	v.　seriez aimé(e)(s)	v.　soyez aimé(e)(s)	v.　fussiez aimé(e)(s)
ils　seront aimés	ils　seraient aimés	ils　soient aimés	ils　fussent aimés
elles　seront aimées	elles　seraient aimées	elles　soient aimées	elles　fussent aimées

前　未　来	過　去	過　去	大　過　去
j'　aurai été aimé(e)	j'　aurais été aimé(e)	j'　aie été aimé(e)	j'　eusse été aimé(e)
tu　auras été aimé(e)	tu　aurais été aimé(e)	tu　aies été aimé(e)	tu　eusses été aimé(e)
il　aura été aimé	il　aurait été aimé	il　ait été aimé	il　eût été aimé
elle　aura été aimée	elle　aurait été aimée	elle　ait été aimée	elle　eût été aimée
n.　aurons été aimé(e)s	n.　aurions été aimé(e)s	n.　ayons été aimé(e)s	n.　eussions été aimé(e)s
v.　aurez été aimé(e)(s)	v.　auriez été aimé(e)(s)	v.　ayez été aimé(e)(s)	v.　eussiez été aimé(e)(s)
ils　auront été aimés	ils　auraient été aimés	ils　aient été aimés	ils　eussent été aimés
elles auront été aimées	elles　auraient été aimées	elles　aient été aimées	elles　eussent été aimées

単　純　未　来	現　在	現　在	半　過　去
je　me lèverai	je　me lèverais	je　me lève	je　me levasse
tu　te lèveras	tu　te lèverais	tu　te lèves	tu　te levasses
il　se lèvera	il　se lèverait	il　se lève	il　se levât
n.　n. lèverons	n.　n. lèverions	n.　n. levions	n.　n. levassions
v.　v. lèverez	v.　v. lèveriez	v.　v. leviez	v.　v. levassiez
ils　se lèveront	ils　se lèveraient	ils　se lèvent	ils　se levassent

前　未　来	過　去	過　去	大　過　去
je　me serai levé(e)	je　me serais levé(e)	je　me sois levé(e)	je　me fusse levé(e)
tu　te seras levé(e)	tu　te serais levé(e)	tu　te sois levé(e)	tu　te fusses levé(e)
il　se sera levé	il　se serait levé	il　se soit levé	il　se fût levé
elle　se sera levée	elle　se serait levée	elle　se soit levée	elle　se fût levée
n.　n. serons levé(e)s	n.　n. serions levé(e)s	n.　n. soyons levé(e)s	n.　n. fussions levé(e)s
v.　v. serez levé(e)(s)	v.　v. seriez levé(e)(s)	v.　v. soyez levé(e)(s)	v.　v. fussiez levé(e)(s)
ils　se seront levés	ils　se seraient levés	ils　se soient levés	ils　se fussent levés
elles se seront levées	elles se seraient levées	elles se soient levées	elles se fussent levées

不 定 形 分 詞 形	直　　　説　　　法			
	現　　在	半　過　去	単　純　過　去	単　純　未　来
1. avoir もつ ayant eu [y]	j' ai tu as il a n. avons v. avez ils ont	j' avais tu avais il avait n. avions v. aviez ils avaient	j' eus [y] tu eus il eut n. eûmes v. eûtes ils eurent	j' aurai tu auras il aura n. aurons v. aurez ils auront
2. être 在る étant été	je suis tu es il est n. sommes v. êtes ils sont	j' étais tu étais il était n. étions v. étiez ils étaient	je fus tu fus il fut n. fûmes v. fûtes ils furent	je serai tu seras il sera n. serons v. serez ils seront
3. parler 話す parlant parlé	je parle tu parles il parle n. parlons v. parlez ils parlent	je parlais tu parlais il parlait n. parlions v. parliez ils parlaient	je parlai tu parlas il parla n. parlâmes v. parlâtes ils parlèrent	je parlerai tu parleras il parlera n. parlerons v. parlerez ils parleront
4. placer 置く plaçant placé	je place tu places il place n. plaçons v. placez ils placent	je plaçais tu plaçais il plaçait n. placions v. placiez ils plaçaient	je plaçai tu plaças il plaça n. plaçâmes v. plaçâtes ils placèrent	je placerai tu placeras il placera n. placerons v. placerez ils placeront
5. manger 食べる mangeant mangé	je mange tu manges il mange n. mangeons v. mangez ils mangent	je mangeais tu mangeais il mangeait n. mangions v. mangiez ils mangeaient	je mangeai tu mangeas il mangea n. mangeâmes v. mangeâtes ils mangèrent	je mangerai tu mangeras il mangera n. mangerons v. mangerez ils mangeront
6. acheter 買う achetant acheté	j' achète tu achètes il achète n. achetons v. achetez ils achètent	j' achetais tu achetais il achetait n. achetions v. achetiez ils achetaient	j' achetai tu achetas il acheta n. achetâmes v. achetâtes ils achetèrent	j' achèterai tu achèteras il achètera n. achèterons v. achèterez ils achèteront
7. appeler 呼ぶ appelant appelé	j' appelle tu appelles il appelle n. appelons v. appelez ils appellent	j' appelais tu appelais il appelait n. appelions v. appeliez ils appelaient	j' appelai tu appelas il appela n. appelâmes v. appelâtes ils appelèrent	j' appellerai tu appelleras il appellera n. appellerons v. appellerez ils appelleront
8. préférer より好む préférant préféré	je préfère tu préfères il préfère n. préférons v. préférez ils préfèrent	je préférais tu préférais il préférait n. préférions v. préfériez ils préféraient	je préférai tu préféras il préféra n. préférâmes v. préférâtes ils préférèrent	je préférerai tu préféreras il préférera n. préférerons v. préférerez ils préféreront

条　件　法	接　　続　　法		命　令　法	同型活用の動詞 (注意)
現　　在	現　　在	半　過　去	現　　在	
j' aurais tu aurais il aurait n. aurions v. auriez ils auraient	j' aie tu aies il ait n. ayons v. ayez ils aient	j' eusse tu eusses il eût n. eussions v. eussiez ils eussent	aie ayons ayez	
je serais tu serais il serait n. serions v. seriez ils seraient	je sois tu sois il soit n. soyons v. soyez ils soient	je fusse tu fusses il fût n. fussions v. fussiez ils fussent	sois soyons soyez	
je parlerais tu parlerais il parlerait n. parlerions v. parleriez ils parleraient	je parle tu parles il parle n. parlions v. parliez ils parlent	je parlasse tu parlasses il parlât n. parlassions v. parlassiez ils parlassent	parle parlons parlez	第1群規則動詞 （4型〜10型をのぞく）
je placerais tu placerais il placerait n. placerions v. placeriez ils placeraient	je place tu places il place n. placions v. placiez ils placent	je plaçasse tu plaçasses il plaçât n. plaçassions v. plaçassiez ils plaçassent	place plaçons placez	—cer の動詞 annoncer, avancer, commencer, effacer, renoncer など. （a, o の前で c → ç）
je mangerais tu mangerais il mangerait n. mangerions v. mangeriez ils mangeraient	je mange tu manges il mange n. mangions v. mangiez ils mangent	je mangeasse tu mangeasses il mangeât n. mangeassions v. mangeassiez ils mangeassent	mange mangeons mangez	—ger の動詞 arranger, changer, charger, engager, nager, obliger など. （a, o の前で g → ge）
j' achèterais tu achèterais il achèterait n. achèterions v. achèteriez ils achèteraient	j' achète tu achètes il achète n. achetions v. achetiez ils achètent	j' achetasse tu achetasses il achetât n. achetassions v. achetassiez ils achetassent	achète achetons achetez	—e＋子音＋er の動詞 achever, lever, mener など. （7型をのぞく. e muet を 含む音節の前で e → è）
j' appellerais tu appellerais il appellerait n. appellerions v. appelleriez ils appelleraient	j' appelle tu appelles il appelle n. appelions v. appeliez ils appellent	j' appelasse tu appelasses il appelât n. appelassions v. appelassiez ils appelassent	appelle appelons appelez	—eter, —eler の動詞 jeter, rappeler など. （6型のものもある. e muet の前で t, l を重ね る）
je préférerais tu préférerais il préférerait n. préférerions v. préféreriez ils préféreraient	je préfère tu préfères il préfère n. préférions v. préfériez ils préfèrent	je préférasse tu préférasses il préférât n. préférassions v. préférassiez ils préférassent	préfère préférons préférez	—é＋子音＋er の動詞 céder, espérer, opérer, répéter など. （e muet を含む語末音節 の前で é → è）

不 定 形 分 詞 形	直 説 法			
	現　　在	半　過　去	単　純　過　去	単　純　未　来
9. employer 使う employant employé	j'　emploie tu　emploies il　emploie n.　employons v.　employez ils　emploient	j'　employais tu　employais il　employait n.　employions v.　employiez ils　employaient	j'　employai tu　employas il　employa n.　employâmes v.　employâtes ils　employèrent	j'　emploierai tu　emploieras il　emploiera n.　emploierons v.　emploierez ils　emploieront
10. envoyer 送る envoyant envoyé	j'　envoie tu　envoies il　envoie n.　envoyons v.　envoyez ils　envoient	j'　envoyais tu　envoyais il　envoyait n.　envoyions v.　envoyiez ils　envoyaient	j'　envoyai tu　envoyas il　envoya n.　envoyâmes v.　envoyâtes ils　envoyèrent	j'　enverrai tu　enverras il　enverra n.　enverrons v.　enverrez ils　enverront
11. aller 行く allant allé	je　vais tu　vas il　va n.　allons v.　allez ils　vont	j'　allais tu　allais il　allait n.　allions v.　alliez ils　allaient	j'　allai tu　allas il　alla n.　allâmes v.　allâtes ils　allèrent	j'　irai tu　iras il　ira n.　irons v.　irez ils　iront
12. finir 終える finissant fini	je　finis tu　finis il　finit n.　finissons v.　finissez ils　finissent	je　finissais tu　finissais il　finissait n.　finissions v.　finissiez ils　finissaient	je　finis tu　finis il　finit n.　finîmes v.　finîtes ils　finirent	je　finirai tu　finiras il　finira n.　finirons v.　finirez ils　finiront
13. partir 出発する partant parti	je　pars tu　pars il　part n.　partons v.　partez ils　partent	je　partais tu　partais il　partait n.　partions v.　partiez ils　partaient	je　partis tu　partis il　partit n.　partîmes v.　partîtes ils　partirent	je　partirai tu　partiras il　partira n.　partirons v.　partirez ils　partiront
14. courir 走る courant couru	je　cours tu　cours il　court n.　courons v.　courez ils　courent	je　courais tu　courais il　courait n.　courions v.　couriez ils　couraient	je　courus tu　courus il　courut n.　courûmes v.　courûtes ils　coururent	je　courrai tu　courras il　courra n.　courrons v.　courrez ils　courront
15. fuir 逃げる fuyant fui	je　fuis tu　fuis il　fuit n.　fuyons v.　fuyez ils　fuient	je　fuyais tu　fuyais il　fuyait n.　fuyions v.　fuyiez ils　fuyaient	je　fuis tu　fuis il　fuit n.　fuîmes v.　fuîtes ils　fuirent	je　fuirai tu　fuiras il　fuira n.　fuirons v.　fuirez ils　fuiront
16. mourir 死ぬ mourant mort	je　meurs tu　meurs il　meurt n.　mourons v.　mourez ils　meurent	je　mourais tu　mourais il　mourait n.　mourions v.　mouriez ils　mouraient	je　mourus tu　mourus il　mourut n.　mourûmes v.　mourûtes ils　moururent	je　mourrai tu　mourras il　mourra n.　mourrons v.　mourrez ils　mourront

条　件　法	接　　続　　法		命　令　法	同型活用の動詞
現　　在	現　　在	半　過　去	現　　在	（注意）
j' emploierais tu emploierais il emploierait n. emploierions v. emploieriez ils emploieraient	j' emploie tu emploies il emploie n. employions v. employiez ils emploient	j' employasse tu employasses il employât n. employassions v. employassiez ils employassent	emploie employons employez	—oyer, —uyer, —ayer の動詞 （e muet の前で y → i. —ayer は 3 型でもよい. また envoyer → 10)
j' enverrais tu enverrais il enverrait n. enverrions v. enverriez ils enverraient	j' envoie tu envoies il envoie n. envoyions v. envoyiez ils envoient	j' envoyasse tu envoyasses il envoyât n. envoyassions v. envoyassiez ils envoyassent	envoie envoyons envoyez	renvoyer （未来, 条・現のみ 9 型と ことなる）
j' irais tu irais il irait n. irions v. iriez ils iraient	j' aille tu ailles il aille n. allions v. alliez ils aillent	j' allasse tu allasses il allât n. allassions v. allassiez ils allassent	va allons allez	
je finirais tu finirais il finirait n. finirions v. finiriez ils finiraient	je finisse tu finisses il finisse n. finissions v. finissiez ils finissent	je finisse tu finisses il finît n. finissions v. finissiez ils finissent	finis finissons finissez	第 2 群規則動詞
je partirais tu partirais il partirait n. partirions v. partiriez ils partiraient	je parte tu partes il parte n. partions v. partiez ils partent	je partisse tu partisses il partît n. partissions v. partissiez ils partissent	pars partons partez	dormir, endormir, se repentir, sentir, servir, sortir
je courrais tu courrais il courrait n. courrions v. courriez ils courraient	je coure tu coures il coure n. courions v. couriez ils courent	je courusse tu courusses il courût n. courussions v. courussiez ils courussent	cours courons courez	accourir, parcourir, secourir
je fuirais tu fuirais il fuirait n. fuirions v. fuiriez ils fuiraient	je fuie tu fuies il fuie n. fuyions v. fuyiez ils fuient	je fuisse tu fuisses il fuît n. fuissions v. fuissiez ils fuissent	fuis fuyons fuyez	s'enfuir
je mourrais tu mourrais il mourrait n. mourrions v. mourriez ils mourraient	je meure tu meures il meure n. mourions v. mouriez ils meurent	je mourusse tu mourusses il mourût n. mourussions v. mourussiez ils mourussent	meurs mourons mourez	

不 定 形 分 詞 形	直　　説　　法			
	現　　在	半　過　去	単　純　過　去	単　純　未　来
17. venir 来る venant venu	je viens tu viens il vient n. venons v. venez ils viennent	je venais tu venais il venait n. venions v. veniez ils venaient	je vins tu vins il vint n. vînmes v. vîntes ils vinrent	je viendrai tu viendras il viendra n. viendrons v. viendrez ils viendront
18. ouvrir あける ouvrant ouvert	j' ouvre tu ouvres il ouvre n. ouvrons v. ouvrez ils ouvrent	j' ouvrais tu ouvrais il ouvrait n. ouvrions v. ouvriez ils ouvraient	j' ouvris tu ouvris il ouvrit n. ouvrîmes v. ouvrîtes ils ouvrirent	j' ouvrirai tu ouvriras il ouvrira n. ouvrirons v. ouvrirez ils ouvriront
19. rendre 返す rendant rendu	je rends tu rends il rend n. rendons v. rendez ils rendent	je rendais tu rendais il rendait n. rendions v. rendiez ils rendaient	je rendis tu rendis il rendit n. rendîmes v. rendîtes ils rendirent	je rendrai tu rendras il rendra n. rendrons v. rendrez ils rendront
20. mettre 置く mettant mis	je mets tu mets il met n. mettons v. mettez ils mettent	je mettais tu mettais il mettait n. mettions v. mettiez ils mettaient	je mis tu mis il mit n. mîmes v. mîtes ils mirent	je mettrai tu mettras il mettra n. mettrons v. mettrez ils mettront
21. battre 打つ battant battu	je bats tu bats il bat n. battons v. battez ils battent	je battais tu battais il battait n. battions v. battiez ils battaient	je battis tu battis il battit n. battîmes v. battîtes ils battirent	je battrai tu battras il battra n. battrons v. battrez ils battront
22. suivre ついて行く suivant suivi	je suis tu suis il suit n. suivons v. suivez ils suivent	je suivais tu suivais il suivait n. suivions v. suiviez ils suivaient	je suivis tu suivis il suivit n. suivîmes v. suivîtes ils suivirent	je suivrai tu suivras il suivra n. suivrons v. suivrez ils suivront
23. vivre 生きる vivant vécu	je vis tu vis il vit n. vivons v. vivez ils vivent	je vivais tu vivais il vivait n. vivions v. viviez ils vivaient	je vécus tu vécus il vécut n. vécûmes v. vécûtes ils vécurent	je vivrai tu vivras il vivra n. vivrons v. vivrez ils vivront
24. écrire 書く écrivant écrit	j' écris tu écris il écrit n. écrivons v. écrivez ils écrivent	j' écrivais tu écrivais il écrivait n. écrivions v. écriviez ils écrivaient	j' écrivis tu écrivis il écrivit n. écrivîmes v. écrivîtes ils écrivirent	j' écrirai tu écriras il écrira n. écrirons v. écrirez ils écriront

条　件　法		接　　続　　法				命　令　法	同型活用の動詞
現　　在		現　　在		半　過　去		現　　在	（注意）
je	viendrais	je	vienne	je	vinsse		convenir, devenir,
tu	viendrais	tu	viennes	tu	vinsses	viens	provenir, revenir,
il	viendrait	il	vienne	il	vînt		se souvenir ;
n.	viendrions	n.	venions	n.	vinssions	venons	tenir, appartenir,
v.	viendriez	v.	veniez	v.	vinssiez	venez	maintenir, obtenir,
ils	viendraient	ils	viennent	ils	vinssent		retenir, soutenir
j'	ouvrirais	j'	ouvre	j'	ouvrisse		couvrir, découvrir,
tu	ouvrirais	tu	ouvres	tu	ouvrisses	ouvre	offrir, souffrir
il	ouvrirait	il	ouvre	il	ouvrît		
n.	ouvririons	n.	ouvrions	n.	ouvrissions	ouvrons	
v.	ouvririez	v.	ouvriez	v.	ouvrissiez	ouvrez	
ils	ouvriraient	ils	ouvrent	ils	ouvrissent		
je	rendrais	je	rende	je	rendisse		attendre, défendre,
tu	rendrais	tu	rendes	tu	rendisses	rends	descendre entendre,
il	rendrait	il	rende	il	rendît		perdre, prétendre,
n.	rendrions	n.	rendions	n.	rendissions	rendons	répondre, tendre,
v.	rendriez	v.	rendiez	v.	rendissiez	rendez	vendre
ils	rendraient	ils	rendent	ils	rendissent		
je	mettrais	je	mette	je	misse		admettre, commettre,
tu	mettrais	tu	mettes	tu	misses	mets	permettre, promettre,
il	mettrait	il	mette	il	mît		remettre, soumettre
n.	mettrions	n.	mettions	n.	missions	mettons	
v.	mettriez	v.	mettiez	v.	missiez	mettez	
ils	mettraient	ils	mettent	ils	missent		
je	battrais	je	batte	je	battisse		abattre, combattre
tu	battrais	tu	battes	tu	battisses	bats	
il	battrait	il	batte	il	battît		
n.	battrions	n.	battions	n.	battissions	battons	
v.	battriez	v.	battiez	v.	battissiez	battez	
ils	battraient	ils	battent	ils	battissent		
je	suivrais	je	suive	je	suivisse		poursuivre
tu	suivrais	tu	suives	tu	suivisses	suis	
il	suivrait	il	suive	il	suivît		
n.	suivrions	n.	suivions	n.	suivissions	suivons	
v.	suivriez	v.	suiviez	v.	suivissiez	suivez	
ils	suivraient	ils	suivent	ils	suivissent		
je	vivrais	je	vive	je	vécusse		
tu	vivrais	tu	vives	tu	vécusses	vis	
il	vivrait	il	vive	il	vécût		
n.	vivrions	n.	vivions	n.	vécussions	vivons	
v.	vivriez	v.	viviez	v.	vécussiez	vivez	
ils	vivraient	ils	vivent	ils	vécussent		
j'	écrirais	j'	écrive	j'	écrivisse		décrire, inscrire
tu	écrirais	tu	écrives	tu	écrivisses	écris	
il	écrirait	il	écrive	il	écrivît		
n.	écririons	n.	écrivions	n.	écrivissions	écrivons	
v.	écririez	v.	écriviez	v.	écrivissiez	écrivez	
ils	écriraient	ils	écrivent	ils	écrivissent		

不 定 形 分 詞 形	直 説 法			
	現　在	半　過　去	単　純　過　去	単　純　未　来
25. connaître 知っている connaissant connu	je connais tu connais il connaît n. connaissons v. connaissez ils connaissent	je connaissais tu connaissais il connaissait n. connaissions v. connaissiez ils connaissaient	je connus tu connus il connut n. connûmes v. connûtes ils connurent	je connaîtrai tu connaîtras il connaîtra n. connaîtrons v. connaîtrez ils connaîtront
26. naître 生まれる naissant né	je nais tu nais il naît n. naissons v. naissez ils naissent	je naissais tu naissais il naissait n. naissions v. naissiez ils naissaient	je naquis tu naquis il naquit n. naquîmes v. naquîtes ils naquirent	je naîtrai tu naîtras il naîtra n. naîtrons v. naîtrez ils naîtront
27. conduire みちびく conduisant conduit	je conduis tu conduis il conduit n. conduisons v. conduisez ils conduisent	je conduisais tu conduisais il conduisait n. conduisions v. conduisiez ils conduisaient	je conduisis tu conduisis il conduisit n. conduisîmes v. conduisîtes ils conduisirent	je conduirai tu conduiras il conduira n. conduirons v. conduirez ils conduiront
28. suffire 足りる suffisant suffi	je suffis tu suffis il suffit n. suffisons v. suffisez ils suffisent	je suffisais tu suffisais il suffisait n. suffisions v. suffisiez ils suffisaient	je suffis tu suffis il suffit n. suffîmes v. suffîtes ils suffirent	je suffirai tu suffiras il suffira n. suffirons v. suffirez ils suffiront
29. lire 読む lisant lu	je lis tu lis il lit n. lisons v. lisez ils lisent	je lisais tu lisais il lisait n. lisions v. lisiez ils lisaient	je lus tu lus il lut n. lûmes v. lûtes ils lurent	je lirai tu liras il lira n. lirons v. lirez ils liront
30. plaire 気に入る plaisant plu	je plais tu plais il plaît n. plaisons v. plaisez ils plaisent	je plaisais tu plaisais il plaisait n. plaisions v. plaisiez ils plaisaient	je plus tu plus il plut n. plûmes v. plûtes ils plurent	je plairai tu plairas il plaira n. plairons v. plairez ils plairont
31. dire 言う disant dit	je dis tu dis il dit n. disons v. dites ils disent	je disais tu disais il disait n. disions v. disiez ils disaient	je dis tu dis il dit n. dîmes v. dîtes ils dirent	je dirai tu diras il dira n. dirons v. direz ils diront
32. faire する faisant [fzɑ̃] fait	je fais tu fais il fait n. faisons [fzɔ̃] v. faites ils font	je faisais [fzɛ] tu faisais il faisait n. faisions v. faisiez ils faisaient	je fis tu fis il fit n. fîmes v. fîtes ils firent	je ferai tu feras il fera n. ferons v. ferez ils feront

条　件　法	接　　続　　法		命　令　法	同型活用の動詞 （注意）
現　　在	現　　在	半　過　去	現　　在	
je connaîtrais tu connaîtrais il connaîtrait n. connaîtrions v. connaîtriez ils connaîtraient	je connaisse tu connaisses il connaisse n. connaissions v. connaissiez ils connaissent	je connusse tu connusses il connût n. connussions v. connussiez ils connussent	connais connaissons connaissez	reconnaître ; paraître, apparaître, disparaître （t の前で i → î）
je naîtrais tu naîtrais il naîtrait n. naîtrions v. naîtriez ils naîtraient	je naisse tu naisses il naisse n. naissions v. naissiez ils naissent	je naquisse tu naquisses il naquît n. naquissions v. naquissiez ils naquissent	nais naissons naissez	renaître （t の前で i → î）
je conduirais tu conduirais il conduirait n. conduirions v. conduiriez ils conduiraient	je conduise tu conduises il conduise n. conduisions v. conduisiez ils conduisent	je conduisisse tu conduisisses il conduisît n. conduisissions v. conduisissiez ils conduisissent	conduis conduisons conduisez	introduire, produire, traduire ; construire, détruire
je suffirais tu suffirais il suffirait n. suffirions v. suffiriez ils suffiraient	je suffise tu suffises il suffise n. suffisions v. suffisiez ils suffisent	je suffisse tu suffisses il suffît n. suffissions v. suffissiez ils suffissent	suffis suffisons suffisez	
je lirais tu lirais il lirait n. lirions v. liriez ils liraient	je lise tu lises il lise n. lisions v. lisiez ils lisent	je lusse tu lusses il lût n. lussions v. lussiez ils lussent	lis lisons lisez	élire, relire
je plairais tu plairais il plairait n. plairions v. plairiez ils plairaient	je plaise tu plaises il plaise n. plaisions v. plaisiez ils plaisent	je plusse tu plusses il plût n. plussions v. plussiez ils plussent	plais plaisons plaisez	déplaire, taire （ただし taire の直・現・ 3 人称単数 il tait）
je dirais tu dirais il dirait n. dirions v. diriez ils diraient	je dise tu dises il dise n. disions v. disiez ils disent	je disse tu disses il dît n. dissions v. dissiez ils dissent	dis disons dites	redire
je ferais tu ferais il ferait n. ferions v. feriez ils feraient	je fasse tu fasses il fasse n. fassions v. fassiez ils fassent	je fisse tu fisses il fît n. fissions v. fissiez ils fissent	fais faisons faites	défaire, refaire, satisfaire

不 定 形 分 詞 形	直　　　説　　　法			
	現　　　在	半　過　去	単　純　過　去	単　純　未　来
33. rire 笑う riant ri	je ris tu ris il rit n. rions v. riez ils rient	je riais tu riais il riait n. riions v. riiez ils riaient	je ris tu ris il rit n. rîmes v. rîtes ils rirent	je rirai tu riras il rira n. rirons v. rirez ils riront
34. croire 信じる croyant cru	je crois tu crois il croit n. croyons v. croyez ils croient	je croyais tu croyais il croyait n. croyions v. croyiez ils croyaient	je crus tu crus il crut n. crûmes v. crûtes ils crurent	je croirai tu croiras il croira n. croirons v. croirez ils croiront
35. craindre おそれる craignant craint	je crains tu crains il craint n. craignons v. craignez ils craignent	je craignais tu craignais il craignait n. craignions v. craigniez ils craignaient	je craignis tu craignis il craignit n. craignîmes v. craignîtes ils craignirent	je craindrai tu craindras il craindra n. craindrons v. craindrez ils craindront
36. prendre とる prenant pris	je prends tu prends il prend n. prenons v. prenez ils prennent	je prenais tu prenais il prenait n. prenions v. preniez ils prenaient	je pris tu pris il prit n. prîmes v. prîtes ils prirent	je prendrai tu prendras il prendra n. prendrons v. prendrez ils prendront
37. boire 飲む buvant bu	je bois tu bois il boit n. buvons v. buvez ils boivent	je buvais tu buvais il buvait n. buvions v. buviez ils buvaient	je bus tu bus il but n. bûmes v. bûtes ils burent	je boirai tu boiras il boira n. boirons v. boirez ils boiront
38. voir 見る voyant vu	je vois tu vois il voit n. voyons v. voyez ils voient	je voyais tu voyais il voyait n. voyions v. voyiez ils voyaient	je vis tu vis il vit n. vîmes v. vîtes ils virent	je verrai tu verras il verra n. verrons v. verrez ils verront
39. asseoir 座らせる asseyant assoyant assis	j' assieds tu assieds il assied n. asseyons v. asseyez ils asseyent j' assois tu assois il assoit n. assoyons v. assoyez ils assoient	j' asseyais tu asseyais il asseyait n. asseyions v. asseyiez ils asseyaient j' assoyais tu assoyais il assoyait n. assoyions v. assoyiez ils assoyaient	j' assis tu assis il assit n. assîmes v. assîtes ils assirent	j' assiérai tu assiéras il assiéra n. assiérons v. assiérez ils assiéront j' assoirai tu assoiras il assoira n. assoirons v. assoirez ils assoiront

条　件　法	接　　続　　法		命　令　法	同型活用の動詞（注意）
現　　在	現　　在	半　過　去	現　　在	
je rirais tu rirais il rirait n. ririons v. ririez ils riraient	je rie tu ries il rie n. riions v. riiez ils rient	je risse tu risses il rît n. rissions v. rissiez ils rissent	ris rions riez	sourire
je croirais tu croirais il croirait n. croirions v. croiriez ils croiraient	je croie tu croies il croie n. croyions v. croyiez ils croient	je crusse tu crusses il crût n. crussions v. crussiez ils crussent	crois croyons croyez	
je craindrais tu craindrais il craindrait n. craindrions v. craindriez ils craindraient	je craigne tu craignes il craigne n. craignions v. craigniez ils craignent	je craignisse tu craignisses il craignît n. craignissions v. craignissiez ils craignissent	crains craignons craignez	plaindre ; atteindre, éteindre, peindre; joindre, rejoindre
je prendrais tu prendrais il prendrait n. prendrions v. prendriez ils prendraient	je prenne tu prennes il prenne n. prenions v. preniez ils prennent	je prisse tu prisses il prît n. prissions v. prissiez ils prissent	prends prenons prenez	apprendre, comprendre, surprendre
je boirais tu boirais il boirait n. boirions v. boiriez ils boiraient	je boive tu boives il boive n. buvions v. buviez ils boivent	je busse tu busses il bût n. bussions v. bussiez ils bussent	bois buvons buvez	
je verrais tu verrais il verrait n. verrions v. verriez ils verraient	je voie tu voies il voie n. voyions v. voyiez ils voient	je visse tu visses il vît n. vissions v. vissiez ils vissent	vois voyons voyez	revoir
j' assiérais tu assiérais il assiérait n. assiérions v. assiériez ils assiéraient	j' asseye tu asseyes il asseye n. asseyions v. asseyiez ils asseyent	j' assisse tu assisses il assît n. assissions v. assissiez ils assissent	assieds asseyons asseyez	（代名詞 s'asseoir として用いられることが多い. 下段は俗語調）
j' assoirais tu assoirais il assoirait n. assoirions v. assoiriez ils assoiraient	j' assoie tu assoies il assoie n. assoyions v. assoyiez ils assoient		assois assoyons assoyez	

不 定 形 分 詞 形	直　　説　　法			
	現　　在	半　過　去	単　純　過　去	単　純　未　来
40. recevoir 受取る recevant reçu	je reçois tu reçois il reçoit n. recevons v. recevez ils reçoivent	je recevais tu recevais il recevait n. recevions v. receviez ils recevaient	je reçus tu reçus il reçut n. reçûmes v. reçûtes ils reçurent	je recevrai tu recevras il recevra n. recevrons v. recevrez ils recevront
41. devoir ねばならぬ devant dû, due dus, dues	je dois tu dois il doit n. devons v. devez ils doivent	je devais tu devais il devait n. devions v. deviez ils devaient	je dus tu dus il dut n. dûmes v. dûtes ils durent	je devrai tu devras il devra n. devrons v. devrez ils devront
42. pouvoir できる pouvant pu	je peux (puis) tu peux il peut n. pouvons v. pouvez ils peuvent	je pouvais tu pouvais il pouvait n. pouvions v. pouviez ils pouvaient	je pus tu pus il put n. pûmes v. pûtes ils purent	je pourrai tu pourras il pourra n. pourrons v. pourrez ils pourront
43. vouloir のぞむ voulant voulu	je veux tu veux il veut n. voulons v. voulez ils veulent	je voulais tu voulais il voulait n. voulions v. vouliez ils voulaient	je voulus tu voulus il voulut n. voulûmes v. voulûtes ils voulurent	je voudrai tu voudras il voudra n. voudrons v. voudrez ils voudront
44. savoir 知っている sachant su	je sais tu sais il sait n. savons v. savez ils savent	je savais tu savais il savait n. savions v. saviez ils savaient	je sus tu sus il sut n. sûmes v. sûtes ils surent	je saurai tu sauras il saura n. saurons v. saurez ils sauront
45. valoir 価値がある valant valu	je vaux tu vaux il vaut n. valons v. valez ils valent	je valais tu valais il valait n. valions v. valiez ils valaient	je valus tu valus il valut n. valûmes v. valûtes ils valurent	je vaudrai tu vaudras il vaudra n. vaudrons v. vaudrez ils vaudront
46. falloir 必要である — fallu	il faut	il fallait	il fallut	il faudra
47. pleuvoir 雨が降る pleuvant plu	il pleut	il pleuvait	il plut	il pleuvra

条　件　法		接　　続　　法			命　令　法	同型活用の動詞 （注意）
現　　在		現　　在		半　過　去	現　　在	
je recevrais tu recevrais il recevrait n. recevrions v. recevriez ils recevraient		je reçoive tu reçoives il reçoive n. recevions v. receviez ils reçoivent		je reçusse tu reçusses il reçût n. reçussions v. reçussiez ils reçussent	reçois recevons recevez	apercevoir, concevoir
je devrais tu devrais il devrait n. devrions v. devriez ils devraient		je doive tu doives il doive n. devions v. deviez ils doivent		je dusse tu dusses il dût n. dussions v. dussiez ils dussent		（過去分詞は du＝de＋ le と区別するために男 性単数のみ dû と綴る）
je pourrais tu pourrais il pourrait n. pourrions v. pourriez ils pourraient		je puisse tu puisses il puisse n. puissions v. puissiez ils puissent		je pusse tu pusses il pût n. pussions v. pussiez ils pussent		
je voudrais tu voudrais il voudrait n. voudrions v. voudriez ils voudraient		je veuille tu veuilles il veuille n. voulions v. vouliez ils veuillent		je voulusse tu voulusses il voulût n. voulussions v. voulussiez ils voulussent	veuille veuillons veuillez	
je saurais tu saurais il saurait n. saurions v. sauriez ils sauraient		je sache tu saches il sache n. sachions v. sachiez ils sachent		je susse tu susses il sût n. sussions v. sussiez ils sussent	sache sachons sachez	
je vaudrais tu vaudrais il vaudrait n. vaudrions v. vaudriez ils vaudraient		je vaille tu vailles il vaille n. valions v. valiez ils vaillent		je valusse tu valusses il valût n. valussions v. valussiez ils valussent		
il faudrait		il faille		il fallût		
il pleuvrait		il pleuve		il plût		

音声：

Christelle LE CALVÉ
Sonia SILVA
Mathieu PERROT

写真提供クレジット（順不同）：

WorldPictures / Shutterstock.com, HJBC / Shutterstock.com, Vera Prokhorova / Shutterstock.com, Steve Barze / Shutterstock.com, Sibuet Benjamin / Shutterstock.com, Uskarp / Shutterstock.com, rui vale sousa / Shutterstock.com, NeydtStock / Shutterstock.com, Isogood_patrick / Shutterstock.com, pointbreak / Shutterstock.com

---

話して学ぶフランス文法

| 検印省略 | Ⓒ 2024 年 1 月 30 日　初 版 発 行 |

著　者	増　田　一　夫
	寺　田　寅　彦
	アルベリック・ドリブル

| 発行者 | 小　川　洋一郎 |
| 発行所 | 株式会社　朝 日 出 版 社 |

101-0065　東京都千代田区西神田 3-3-5
電話直通　(03) 3239-0271/72
振替口座 00140-2-46008
http://www.asahipress.com/

| 組　版 | 有限会社ファースト |
| 印　刷 | 図 書 印 刷 株 式 会 社 |